그림으로 보는 조선왕조실록

⊙ **사진 제공**
25쪽-삼강행실도(국립중앙박물관), 57쪽-훈민정음(삼척시립박물관), 77쪽-용비어천가(국립중앙박물관), 82쪽-몽유도원도(국립중앙박물관), 126쪽-경국대전(국립중앙박물관), 130쪽-국조보감(국립중앙박물관), 166쪽-경국대전(국립민속박물관)

그림으로 보는 조선왕조실록

초판 1쇄 발행 2023년 3월 25일
초판 3쇄 발행 2025년 2월 25일

글 김은의 | **그림** 한철호

발행인 오형석
편집장 이미현 | **편집** 정은혜 | **디자인** 이희승
발행처 (주)계림북스
신고번호 제2012-000204호 | **등록일자** 2000년 5월 22일
주소 서울시 마포구 창전로 74 여촌빌딩 3층
대표전화 (02)7079-900 | **팩스** (02)7079-956
도서문의 (02)7079-913
홈페이지 www.kyelimbook.com

ⓒ 계림북스, 2023
이 책에 실린 글과 그림, 사진의 무단 전재나 복제를 금합니다.

ISBN 978-89-533-3516-5 74900 | 978-89-533-3503-5(세트)

빛나는 조선의 문화 ❷

그림으로 보는 조선왕조실록

글 김은의 | 그림 한철호

계림북스
kyelimbooks

들어가는 말

왕도 볼 수 없었던 가장 치밀하고 공정한 역사 기록

　조선은 〈조선왕조실록〉을 편찬하기 위해 어마어마한 노력을 기울였어요. 먼저 기록을 담당하는 사관을 두어 왕을 그림자처럼 따라다니며 왕이 하는 말과 행동, 신하들과 주고받은 대화 등을 죄다 기록하게 했어요. 그리고 철저하게 비밀에 부쳐 기록의 공정성을 지켰지요. 그 덕분에 사관은 왕과 권력의 눈치를 보지 않고 사실을 있는 그대로 기록할 수 있었어요.

　실록은 왕이 죽고 난 다음에 실록청이라는 국가 관청을 만들어 사관의 기록을 바탕으로 편찬되었어요. 그러다 보니 왕은 후세에 길이 남을 역사의 기록이 두려워 권력을 함부로 휘두를 수 없었어요. 실록 편찬이 현실 정치에까지 영향을 미쳤던 것이지요.

그뿐 아니라 실록에는 조선 시대의 정치, 외교, 경제, 사회, 종교, 천문 등은 물론이고 백성들의 생활 모습과 풍습, 날씨, 천재지변 등 모든 분야를 망라하여 풍부한 내용이 담겨 있어요. 이런 가치를 인정받아 〈조선왕조실록〉은 우리나라의 국보가 되었고, 온 인류가 지키고 보존해야 할 소중한 세계 기록 유산으로 등재되었답니다.

　〈조선왕조실록〉 가운데 가장 중요하고 유익한 역사적 사실을 뽑아 재미있게 풀어 쓴 〈그림으로 보는 조선왕조실록〉이 들려주는 이야기를 통해 자랑스러운 우리 문화를 만나 보아요.

김은의

차례

과학과 문화를 발전시킨 세종

- **왕위에 오른 세종** ················· 12
  - 양녕이 폐위되었어요
  - 충녕이 왕세자가 되었어요
  - 왕위에 올라 태종을 상왕으로 모셨어요

- **백성을 위한 어진 정치** ············ 18
  - 〈농사직설〉을 펴냈어요
  - 죄수와 노비의 인권도 보호했어요
  - 세금에 대해 의견을 물었어요
  - 통 큰 리더십을 발휘했어요
  - 〈향약집성방〉과 〈의방유취〉를 완성했어요

- **조선 최고의 학문 연구 기관, 집현전** ········ 28
  - 젊고 유능한 학자들을 모았어요
  - 학문 연구에 힘썼어요
  - 다양한 책을 펴냈어요
  - 경연을 펼쳤어요

- **실록 배움터** ·················· 36
  세종이 학자들에게 내린 최고의 선물

- **백성을 위한 과학 기술** ············ 38
  - 하늘을 관측하여 달력을 만들었어요
  - 해시계와 물시계를 만들었어요
  - 비의 양을 재는 측우기를 만들었어요
  - 기상 관측으로 날씨를 예보했어요

- **실록 배움터** ·················· 46
  일식을 잘못 예측해서 곤장을 맞았다고?

- **백성들이 안전한 나라** ············ 48
  - 왜구를 물리쳤어요
  - 여진족을 몰아내고 국경선을 완성했어요
  - 무기를 개발해 국방에 힘썼어요

- **백성을 가르치는 바른 소리, 훈민정음** ········ 54
  - 우리 고유의 글자를 만들었어요

- 서문에 창제 이유를 밝혔어요
- 최만리가 상소를 올렸어요
- 집현전 학자들이 도왔어요
- 다양한 방법으로 백성들에게 알렸어요

• 세종 시대를 빛낸 사람들 ·············· 64
- 장영실은 천재 과학자였어요
- 황희는 판단력이 뛰어났어요
- 맹사성은 지혜가 있었어요
- 이순지와 이천은 뛰어난 과학자였어요
- 박연이 궁중 음악을 정리했어요
- 이종무와 김종서는 훌륭한 장수였어요

실록 배움터 ·············· 76
절대 음감을 가진 세종

실록 놀이터 보드게임 ·············· 78

비운의 왕, 문종과 단종

• **30년간 왕이 될 준비를 한 문종** ·············· 82
- 성군의 자질을 갖췄어요
- 실제 정치를 경험했어요

• **꿈을 펼치지 못한 문종** ·············· 86
- 언론 활동이 활발했어요
- 화차를 만들어 쓰게 했어요
- 군사 제도를 정비했어요
- 역사책을 펴냈어요
- 병으로 일찍 세상을 떠났어요

실록 배움터 ·············· 94
조선에 적들이 모르는 비밀 무기가 있었다고?

• **어린 나이로 왕위에 오른 단종** ·············· 96
- 세종과 문종이 부탁했어요
- 권력이 신하에게 집중되었어요
- 신하들이 두 파로 나뉘었어요

• **계유정난으로 단종을 밀어낸 수양 대군** ·············· 102
- 충신 김종서를 죽였어요
- 살생부를 만들어 신하들을 죽였어요
- 단종에게 옥새를 받았어요

실록 놀이터 틀린 그림 찾기 ·············· 108

강력한 정치를 펼친 세조

- 왕위에 오른 수양 대군 ················· **112**
  - 옳지 않다고 생각하는 신하들이 있었어요
  - 단종 복위 운동이 일어났어요
  - 영월로 귀양 보내고 사약을 내렸어요

실록 배움터 ································· **118**
사육신과 생육신은 어떻게 생겨났을까?

- 강력한 왕권 강화 정책 ················· **120**
  - 불교 진흥에 힘썼어요
  - 왕의 힘을 키웠어요
  - 호패법을 시행했어요
  - 새 법전을 만들었어요
  - 이시애가 난을 일으켰어요
  - 역사와 지리, 국방에도 힘썼어요

- 세조와 함께 무단 정치를 한 사람들 ······· **132**
  - 권남은 한명회를 끌어들였어요
  - 한명회는 야심가였어요
  - 신숙주는 언어 능력이 탁월했어요

실록 배움터 ································· **138**
한명회와 압구정의 유래

실록 놀이터 ································· **140**
순서대로 번호 쓰고 이야기 만들기

꿈을 펼치지 못한 예종

- 강력한 왕권을 꿈꿨지만 요절한 예종 ······· **144**
  - 예종이 왕위에 올랐어요
  - 강력한 왕권을 꿈꿨어요
  - 남이가 모함을 받았어요
  - 대대적인 숙청이 이뤄졌어요

실록 배움터 ································· **152**
사초를 빼내 고친 사관이 있었다고?

실록 놀이터 숨은그림찾기 ················· **154**

조선의 제도를 완성한 성종

- **정희 왕후의 선택으로 왕위에 오른 성종** ········· **158**
  - 열세 살에 왕위에 올랐어요
  - 학문에 힘썼어요
- **훌륭한 왕으로 성장한 성종** ························· **162**
  - 원상제를 폐지하고 대간을 키웠어요
  - 훈구 대신을 견제할 사림파를 등용했어요
- **태평성대를 이루다** ····································· **167**
  - 조선의 헌법 〈경국대전〉을 펴냈어요
  - 경연을 부활하고 독서당을 설치했어요
  - 〈동국여지승람〉 등 다양한 책을 펴냈어요
  - 불교를 억누르고 유교를 장려했어요
  - 여진족을 정벌했어요
- **성종이 남긴 유산** ······································ **176**
  - 폐비 윤씨에게 사약을 내렸어요
  - 대간 권력을 남겼어요

실록 배움터 ·· **180**
조선 시대에는 어떤 형벌이 있었을까?

실록 놀이터 다른 그림 찾기 ························· **182**

실록 놀이터 정답 ··· **184**

〈부록〉 조선왕조실록 연표

세종이 왕위에 오르면서 조선은 크게 발전했어요. 백성을 아끼고 사랑했던 세종은 언제나 백성을 위한 정치를 펼쳤지요. 우리 실정에 맞는 농사를 연구하여 〈농사직설〉을 펴내고, 우리 땅에서 나는 약재를 연구하여 〈향약집성방〉, 〈의방유취〉 등을 완성했어요. 집현전을 통해 학문을 발전시키고, 해시계·물시계·측우기와 같은 과학 기구를 발명하게 하는 등 과학 기술을 크게 발전시켰지요. 무엇보다 백성들을 위해 훈민정음을 창제했어요. 이외에도 세종 시절에 어떤 일들이 있었는지 함께 알아보아요.

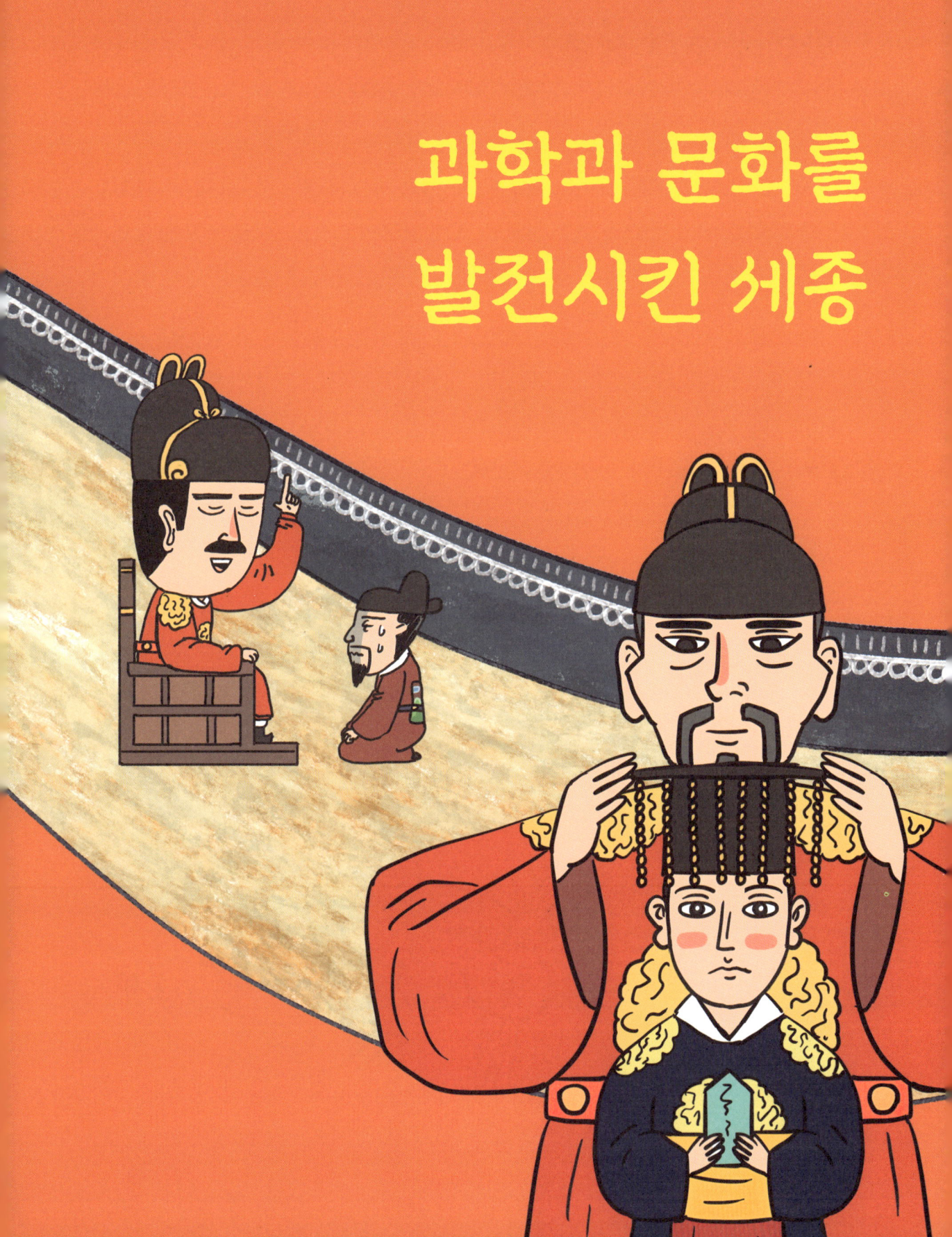
과학과 문화를 발전시킨 세종

왕위에 오른 세종

양녕이 폐위되었어요

태종에게는 양녕, 효령, 충녕, 성녕 등 네 아들이 있었어요. 이 아들 중 태종의 뒤를 이어 왕위에 오를 왕자는 첫째 양녕이었어요. 양녕은 열한 살이 되던 해에 왕세자가 되었어요. 왕세자는 나라를 이끌어 갈 훌륭한 임금이 되기 위해 열심히 공부해야 했어요. 그래야만 나라가 발전하고 존경받는 왕이 될 수 있었지요. 그러나 양녕은 공부를 좋아하지 않았어요. 그보다는 활쏘기나 사냥을 좋아하고 실력도 뛰어났어요.

★**왕세자** 왕위를 이을 왕자예요. 간단히 세자라고도 불러요.

태종은 이런 양녕을 인정해 사냥을 떠날 때는 종종 데려가 실력을 발휘하게 했지요. 그런데 양녕의 관심은 사냥에만 머무르지 않았어요. 공부는 내팽개친 채 노는 데만 열중했어요. 장안의 건달들을 궁 안으로 불러들여 노는가 하면, 궁궐 담을 넘어 기생집을 찾아가기도 했어요. 도를 넘은 양녕의 행동에 태종은 몇 번이나 경고했어요. 하지만 양녕은 잘못을 고치지 않아 결국 왕세자가 된 지 14년 만에 폐위되었어요.

충녕이 왕세자가 되었어요

충녕은 어려서부터 똑똑하고 공부를 좋아했어요. 서너 살 때부터 글을 배우기 시작하여 여덟 살 때부터는 〈논어〉, 〈맹자〉와 같은 유교 경전을 읽고 중국 역사책인 〈자치통감〉과 〈장자〉, 〈한비자〉와 같은 수준 높은 철학책들을 두루 읽고 토론했어요. 또 정치, 경제, 역사, 철학, 군사, 병법 등 나라를 다스리는 데 필요한 공부는 물론이고 수학, 농업, 기술, 천문, 지리, 의학, 음악 등 다양한 분야의 책을 읽으며 학문을 갈고닦았지요.

그뿐만 아니라 충녕은 마음이 어질고 우애 또한 깊었어요. 막냇동생 성녕이 홍역에 걸려 앓아누웠을 때는 눈을 감는 순간까지 정성을 다해 간호했어요. 또 길을 가다 헐벗은 백성을 만났을 때는 어려운 사정을 귀담아듣고 따뜻하게 보살펴 주었어요. 이처럼 충녕은 이미 왕자 시절부터 왕이 될 만한 충분한 자질을 갖추고 있었어요. 그래서 셋째 아들이지만 태종의 뒤를 이어 왕위에 오를 왕세자가 되었지요.

왕위에 올라 태종을 상왕으로 모셨어요

세종은 왕세자가 된 지 두 달 만에 왕위에 올랐어요. 태종이 왕위 계승을 서둘렀기 때문이지요. 처음에 세종은 몇 번이나 사양했어요. 왕세자가 된 지 얼마 되지 않았고, 무엇보다 태종이 왕위에서 물러날 아무런 이유가 없었어요. 건강에도 이상이 없었고요. 신하들도 어쩔 줄 몰라 하며 반대했어요. 그러나 태종은 모든 반대를 뿌리치고 세종에게 왕위를 물려주었어요. 그리고 왕보다 더 높은 상왕★의 자리에 올랐지요.

★**상왕** 살아 있으면서 왕위를 다른 사람에게 물려준 임금을 말해요.

과학과 문화를 발전시킨 세종

급작스럽게 왕위에 오른 세종은 태종을 상왕으로 모셨어요. 나라의 중요한 일을 의논하는 것은 물론이고, 몸을 낮춰 태종의 뜻을 살피고 그 뜻에 따랐지요. 특히 군사와 관련된 일은 태종이 직접 지휘하도록 했어요. 태종은 세종이 안정적인 정치를 해 나갈 수 있도록 위협이 될 만한 세력을 모조리 제거했어요. 1422년, 태종은 세종이 왕위에 오른 지 4년째 되던 해에 눈을 감았지요.

백성을 위한 어진 정치

〈농사직설〉을 펴냈어요

세종은 항상 백성들의 생활에 관심이 많았어요. 굶주리는 백성은 없는지, 백성들이 겪는 어려움은 무엇인지 파악하려 애썼지요. 당시 조선은 농업 국가였기 때문에 백성 대부분이 농사를 지었어요. 하지만 농사 관련 지식은 중국에서 들여온 것밖에 없었지요.

"우리나라는 중국과 땅도 기후도 달라 중국 농사법으로는 농사를 잘 지을 수 없다. 우리 땅과 기후에 맞는 농사법이 있어야 한다."

세종은 신하 정초를 시켜 우리 실정에 맞는 농사법을 연구하게 했어요.

과학과 문화를 발전시킨 세종

정초는 벼, 보리, 콩 등 주요 곡식류에 대해 경험이 많은 농부들의 농업 기술을 참고해서 〈농사직설〉을 펴냈어요. 〈농사직설〉에는 씨 뿌리는 시기, 볍씨 고르기, 땅고르기, 거름주기, 김매기 등 다양한 농업 기술이 실렸어요. 세종은 〈농사직설〉을 각 도에 내려보내 백성들이 농사짓는 데 실제 적용하도록 했어요.

"농사에 힘쓰고 곡식을 소중히 여기는 것은 나라를 다스리는 일의 근본이다. 그래서 내가 항상 농사에 정성을 쏟는 것이다."

〈농사직설〉은 오늘날까지 전해지는 가장 오래된 우리의 농사 실용서랍니다.

죄수와 노비의 인권도 보호했어요

세종은 어려운 백성들의 처지와 마음을 헤아리는 왕이었어요. 죄를 지어 재판을 받거나 감옥에 갇힌 죄수들도 예외는 아니었어요. 억울한 일이 없도록 법으로 보호했지요.

"감옥에 가둘 때는 법에 따라 정해진 기일 안에 재판해라. 재판이 늦어져 감옥에 오래 갇혀 있지 않게 해라. 죄수가 병에 걸리지 않게 감옥을 청결히 하고, 병에 걸린 죄수는 치료해 주어라."

또 노비의 출산 휴가까지 챙겼어요. 당시에는 관가에서 일하는 여자 종이 아기를 낳으면 일주일의 출산 휴가를 주었어요. 세종은 산모를 보호하기 위해 법을 바꿨지요.

"산모가 편히 쉴 수 있도록 출산이 예정된 달은 물론이고 출산 후 100일을 쉬게 해라."

하지만 그것만으로는 부족하다고 여겨 다시 명령했어요.

"산모만 쉬면 아기는 누가 돌보겠느냐. 남편도 산후 한 달간 쉬게 해라."

당시에는 상상도 하지 못할 파격적인 법이었지만 세종은 백성들을 위해 과감하게 실행했어요.

세금에 대해 의견을 물었어요

국가를 운영하기 위해서는 세금이 꼭 필요해요. 하지만 백성들에게 세금은 언제나 큰 부담이지요. 세종은 세금 제도를 결정하기 전에 백성에게 의견을 묻는 국민 투표를 했어요.

먼저 전국 각 고을에 암행어사를 파견했어요. 암행어사는 집집마다 찾아다니며 세금 책정 방법을 자세히 설명했어요. 백성들의 의견은 찬성보다 반대가 많았어요. 세종은 백성들의 의견을 존중해 세금 제도 실행을 무기한 연기했어요. 그리고 신하들에게 더 합리적인 방법을 연구하게 했지요.

과학과 문화를 발전시킨 세종

국민 투표를 한 지 14년 만에 전분 6등법과 연분 9등법이라는 새로운 세금 제도를 마련했어요. 전분 6등법은 농사짓는 땅의 기름지고 거친 정도를 6등급으로 나누어 등급에 따라 세금을 달리 매기는 제도예요. 연분 9등법은 한 해 농사가 잘되고 안되고를 9등급으로 나누어 세금을 거두는 제도이고요. 이 세금 제도를 통해 세종은 백성들의 부담을 줄이면서도 국가의 재정을 안정적으로 확보할 수 있었어요.

통 큰 리더십을 발휘했어요

조선은 예절과 도리를 중요하게 여기는 유교 국가였어요. 사람들이 마땅히 알고 지켜야 할 유교 윤리가 있었지요. 세종은 백성들이 이런 유교 윤리를 잘 알고 지켜서 나라에 미풍양속이 널리 퍼져 나가길 바랐어요. 그래서 〈삼강행실도〉를 펴내 누구나 읽게 했지요. 글을 모르는 사람들도 내용을 이해할 수 있도록 한쪽 페이지에는 그림을 그려 넣었어요. 오늘날의 그림책처럼 글과 그림으로 이야기했던 것이지요.

과학과 문화를 발전시킨 세종

〈삼강행실도〉에는 모범이 될 만한 중국과 우리나라의 충신, 효자, 열녀의 이야기가 들어 있어요. 그런데 그중에는 조선 건국을 반대했던 고려 말의 충신 정몽주와 길재 이야기가 포함되었어요. 정몽주는 고려의 신하로 남겠다는 의지를 꺾지 않아 태종 이방원의 손에 죽었어요. 길재 역시 태종이 불러도 가지 않을 만큼 조선 건국을 반대했고요. 하지만 세종은 포용력 있는 리더십을 발휘해 이들을 충신으로 인정하고 모범으로 삼았어요.

〈향약집성방〉과 〈의방유취〉를 완성했어요

조선은 모든 약재를 중국에서 들여왔기 때문에 약이 귀했어요. 중국 약재는 비쌀 뿐만 아니라 구하기도 무척 힘들었어요. 그래서 가난한 백성은 아무리 아파도 치료는커녕 약 한 첩도 제대로 쓸 수 없었지요. 세종은 이런 현실이 무척 안타까웠어요.

"아픈데 약이 없어 치료받지 못하는 것은 안 될 일이다. 먼 곳에서 들여온 중국 약재보다 우리 땅에서 자라는 약재가 우리 몸에는 더 좋다. 우리 산천에서 자라는 약재를 조사하고 정리하여 백성들이 병을 치료하는 데 도움이 되게 하여라."

명령을 받은 의원들이 전국 방방곡곡으로 약재를 찾아 나섰어요. 우리 산천에는 값도 싸고 효과가 좋은 약재들이 많았어요. 의원들은 집현전 학자들과 함께 조사한 약재를 정리하고, 중국과 우리 의학책을 참고하여 〈향약집성방〉을 펴냈어요. 그리고 동양 최대의 의학 백과사전인 〈의방유취〉를 완성했지요. 〈의방유취〉는 오늘날에도 우리나라는 물론이고 중국과 일본의 한의사들이 널리 애용하고 있어요.

조선 최고의 학문 연구 기관, 집현전

젊고 유능한 학자들을 모았어요

어려서부터 책을 좋아했던 세종은 학문의 발전이 곧 나라의 발전이라고 생각했어요. 그래서 집현전을 설치해 젊고 유능한 학자들을 모아 마음껏 공부할 수 있게 했지요. 먼저 학자들이 부지런히 공부에 전념할 수 있게 신경 썼어요. 집현전 학자들은 부서를 이리저리 옮겨 다니거나 행정 업무에 시달리지 않아도 되었어요. 그 대신 왕이 언제 어떤 것을 물어도 척척 대답하고 토론할 수 있을 정도로 실력을 갖추어야 했지요.

과학과 문화를 발전시킨 세종

세종은 모든 분야에서 뛰어난 전문가였어요. 유교 경전은 물론이고 역사, 천문, 언어, 농업, 음악, 수학 등의 지식을 꿰뚫고 있었지요. 그러다 보니 웬만한 의견에는 만족하지 않았어요. 살기 좋은 나라를 만들기 위해 그보다 더 좋은 방법은 없는지 끊임없이 묻고 찾아보게 했지요. 학자들은 스스로 공부할 수밖에 없었어요. 학문에 대한 세종의 열정은 지칠 줄 몰랐고 학자들의 연구는 계속되었지요. 그 덕분에 조선의 과학과 문화는 날로 발전했어요.

학문 연구에 힘썼어요

세종은 법과 제도에 따라 나라를 다스리는 법치 국가를 꿈꿨어요. 그러려면 법과 제도를 제대로 갖추어야 했지요. 세종은 이 일을 집현전 학자들과 함께 실현해 나갔어요. 새로운 제도를 마련하고 낡은 제도는 현실에 맞게 새로 고쳤어요. 옛 문헌에서 본보기가 될 만한 것이 있는지 찾아보고, 그때와 지금은 어떻게 다른지 장점은 무엇이고 단점은 무엇인지 더 깊고 넓게 연구했지요.

과학과 문화를 발전시킨 세종

집현전 학자들은 학문 연구에 온갖 힘을 다 쏟았어요. 정인지, 최항, 박팽년, 신숙주, 강희안, 이개, 이선로, 성삼문 등이 대표적인 집현전 학자들이었어요. 그들은 〈대학〉, 〈효경〉과 같은 유교 경전은 물론이고 〈자치통감〉, 〈송감〉 등 중국의 주요 역사책을 읽었어요. 그뿐 아니라 당시 선비들이 크게 관심을 두지 않았던 산학, 지리, 역학 등 실용적인 학문도 공부했어요. 이런 노력은 유교 국가의 제도를 만드는 탄탄한 바탕이 되었지요.

다양한 책을 펴냈어요

학문에 대한 세종의 관심은 출판으로 이어졌어요. 왕위에 오른 세종은 가장 먼저 〈고려사〉를 다시 펴낼 것을 명령했어요.

"요사이 〈고려사〉를 읽어 보았더니 사실과 맞지 않은 곳이 많았소. 마땅히 고쳐서 다시 만들어야 할 것이오."

학자들은 〈고려사〉를 수정하여 올렸어요. 세종은 고개를 흔들었지요.

"왕을 부르는 호칭이나 그와 관련된 말들이 사실과 다르군. 다시 고치시오."

세종은 사실과 다른 곳을 정확하게 지적했고, 〈고려사〉는 수십 년에 걸쳐 수정되었어요. 그러느라 문종 1년에 이르러서야 완성되었지요.

또 조선 왕조 최초로 지리책 〈팔도지리지〉를 펴냈어요. '팔도'는 조선의 행정 구역으로 함경도, 평안도, 황해도, 강원도, 경기도, 충청도, 경상도, 전라도였어요. 팔도의 지리와 함께 변천 과정을 담았는데, 그중 1425년에 만들어진 〈경상도지리지〉가 오늘날까지 전해지고 있어요.

그 외에도 훈민정음의 창제 원리를 밝힌 〈훈민정음해례본〉, 현재 남아 있는 악보 가운데 가장 오래된 〈세종실록악보〉, 최초의 전쟁사 〈역대병요〉, 동아시아 전통 역법을 총망라한 〈칠정산〉 등 수많은 책이 편찬되었어요.

★**역법** 천체의 움직임을 살펴 시간과 날짜를 구분하는 방법이에요. 오늘날의 달력이나 시계와 비슷한 역할을 했어요.

과학과 문화를 발전시킨 세종

경연을 펼쳤어요

경연은 임금이 학자들과 벌이는 일종의 토론식 수업이에요. 학자들과 고전을 읽고 그 뜻을 풀이하며 나랏일을 의논하는 것이지요.

세종은 거의 매일같이 경연에 나갔어요. 어느 날 경연에서 있었던 일이에요. 세종이 책에서 의심나는 것이 있어 물었는데 아무도 대답하지 못했어요. 세종이 말했어요.

"질문을 품고 연구하다 보면 얻는 것이 있을 것이다. 배우는 사람이 모른다고 하는 것은 괜찮다. 그러나 모르는 것이 없다고 하는 것은 안 된다. 알지 못하는 것을 부끄러워하지 마라."

또 경연에서는 현실에 닥친 문제를 올바로 파악하고 해결 방안을 학자들과 함께 의논했어요.

"지난 4월에는 강원도에 눈이 오고, 전라도와 경상도에는 지진이 있었다. 또 가뭄이 들어 비가 오지 않으니 농사에 피해는 없겠느냐?"

세종의 질문에 누군가 대답했어요.

"아직은 심각하지 않는데, 만약 일주일 동안 비가 오지 않으면 벼농사에 해를 끼칠 것입니다."

"내가 걱정하는 것이 그것이다."

이런 경연을 통해 세종은 학문을 발전시키고 백성을 위한 정치를 실현해 나갔어요.

실록 배움터

세종이 학자들에게 내린 최고의 선물

세종은 사가독서를 실시했어요. '사가독서'란 젊고 유능한 관리에게 휴가를 주어 독서에 전념할 시간을 주는 제도였어요. 젊은 인재들이 책을 많이 읽고 학문을 깊이 연구하여 장차 나라의 큰 인재가 될 수 있도록 뒷받침했던 것이지요. 세종은 집현전 학자들 가운데 유능한 인재를 뽑아 짧게는 3개월에서 길게는 6개월까지 집에서 책을 읽게 했어요. 그리고 생활에 필요한 모든 비용을 아낌없이 지원했지요.

사가독서는 1426년 12월에 처음 시행되었어요. 세종은 집현전 학자였던 권채, 신석견, 남수문 등을 불러 명령했어요.

"내가 너희들을 집현전 학자로 뽑은 것은 젊고 실력이 있어서 장래가 밝고, 글을 많이 읽게 하여 성과를 내고 싶어서였다. 그러나 각자 맡은 업무가 있다 보니 독서에만 전념할 수 없기에 지금부터는 집현전에 출근하지 말고 집에서 온 마음을 다해 글을 읽고 성과를 나타내 보아라. 글을 읽는 것은 변계량의 지도를 받도록 해라."

==이렇게 학자에게 책 읽을 시간을 주는 사가독서는 학문 연구에 큰 도움을 주었답니다.==

하늘을 관측하여 달력을 만들었어요

조선은 농업 국가였어요. 농사가 잘되어야 백성들이 굶주리지 않고 잘 살 수 있었지요. 그런데 농사는 날씨와 기후에 많은 영향을 받았어요. 또 씨를 뿌리고 수확할 시기와 날짜가 매우 중요했지요. 당시 사용하던 달력은 중국에서 만들어진 것이라 조선에 맞지 않는 경우가 많았어요. 세종은 백성들이 농사를 짓는 데 보탬이 되는 실용적인 달력을 만들기 위해 하늘을 관측하는 기구를 만들라고 명령했어요.

과학과 문화를 발전시킨 세종

장영실은 이천 등의 과학자들과 함께 해와 달, 별의 움직임을 관측하는 기구인 혼천의와 간의˟ 등을 만들었어요. 과학자들은 이 기구들을 이용하여 천문을 관측하고 기록했어요. 그리고 관측한 기록을 연구하고 중국의 사례와 비교하여 〈칠정산〉이라는 책을 만들었어요. 〈칠정산〉은 조선에 꼭 맞는 달력이었어요. 수도인 한양을 기준으로 날짜와 시간을 계산하고 일식과 월식을 정확히 예측할 수 있었지요. 당시 이렇게 천문을 관측하고 달력을 만들 수 있었던 곳은 중국과 아라비아 그리고 조선뿐이었어요.

★간의 복잡한 혼천의를 간단하게 줄여 만든 천체 관측기구예요.

해시계와 물시계를 만들었어요

장영실은 해시계인 앙부일구를 만들었어요. 앙부일구는 가마솥 모양으로 생겼는데, 해의 움직임에 따라 그림자의 길이로 시간을 알 수 있어요. 세종은 사람들이 많이 지나다니는 큰길 옆에 앙부일구를 설치하고 백성들이 편리하게 시간을 보도록 했어요. 그런데 해시계는 한 가지 약점이 있었어요. 바로 날이 흐리거나 비가 오는 날에는 그림자가 생기지 않아 시간을 알 수 없다는 것이었어요.

과학과 문화를 발전시킨 세종

그래서 장영실은 날씨와 관계없이 시간을 알 수 있는 자동 물시계인 자격루를 만들었어요. 자격루는 물을 넣은 항아리의 한쪽에 구멍을 뚫어 물이 흘러나오게 하는 기계였어요. 규칙적으로 떨어지는 물의 양을 재서 일정한 시각이 되면 저절로 종이 울렸지요. 자격루가 시각을 알리면 경복궁의 경회루 남문, 광화문, 영추문, 월화문에서 시각에 따라 둥, 둥, 둥…… 북을 쳤어요. 백성들은 북소리를 듣고 밤에도 시간을 알 수 있었지요.

잘 시간이다.

둥둥둥

자격루

이제 밤에도 시간을 알 수 있지요.

비의 양을 재는 측우기를 만들었어요

농사를 짓는 데는 물이 중요해요. 적당한 때에 알맞은 양의 비가 내려야 모내기를 하고 여름내 벼가 쑥쑥 자라 풍년이 들지요. 만약 비가 내리지 않아 가뭄이 들면 농작물이 타들어 가고, 비가 너무 많이 내려 홍수가 나면 농작물이 떠내려가요. 이때 비가 내린 양을 정확히 파악할 수 있으면 농사에 큰 도움이 되지요. 늘 농사를 중요시했던 세종은 장영실에게 비가 내린 양을 재는 도구를 만들게 했어요. 장영실은 세종의 큰아들 문종의 생각을 받들어 여러 번의 도전 끝에 측우기를 만들었지요.

과학과 문화를 발전시킨 세종

1441년, 세종은 각 고을의 수령에게 명령했어요.
"측우기를 설치하여 비가 온 날과 시각, 비의 양을 측정하여 보고하여라."
그리고 수령들이 보고한 자료를 모아 연중 강우량 자료를 만들었어요.
전국에서 집계된 자료가 만들어지자 백성들은 가뭄이나 홍수에 미리 대비할 수 있었어요. 덕분에 이전보다 더 체계적으로 농사를 지을 수 있었지요.

기상 관측으로 날씨를 예보했어요

세종은 강가에 수표를 설치하여 홍수 예방 대책을 마련했어요. 수표에는 수치가 표시되어 강물의 높이를 한눈에 알아볼 수 있었지요. 세종은 물이 자주 넘치는 한강과 청계천에 수표를 설치하게 했어요. 수표가 설치되자 백성들은 불어난 물의 수위를 보고 미리 준비하고 대피할 수 있었지요.

과학과 문화를 발전시킨 세종

그뿐 아니라 세종은 학자들과 함께 천문, 기상, 기후 등을 연구했어요. 이를 바탕으로 과학자들은 날씨를 예측할 수 있는 다양한 과학 기구를 만들었지요. 풍향계를 설치하여 바람의 방향을 재고 풍기대를 설치하여 바람의 세기를 측정했어요. 이렇게 해서 조선은 종합적으로 날씨를 관측하고 예보할 수 있었어요. 또 우박, 천둥, 번개, 안개, 서리, 눈, 비, 기온 등 기상 현상에 대해서도 자세하게 기록했어요. 이런 기상 예보는 백성들의 생활에 큰 도움을 주었지요.

실록 배움터

일식을 잘못 예측해서 곤장을 맞았다고?

달이 태양의 일부 또는 전부를 가리는 일식을 본 적 있나요? 일식은 태양, 달, 지구가 일직선으로 놓여 달이 태양의 일부나 전부를 가리는 자연 현상이에요. 오늘날에는 일식을 천문학을 바탕으로 자연 현상이라 이해해요. 그러나 조선 시대에는 갑자기 하늘의 해가 사라지는 일식을 하늘의 경고 또는 재앙이라 여겼어요. 예로부터 왕은 하늘이 내리는 것이고, 왕이 잘못하면 하늘이 벌을 내린다고 믿었기 때문이지요. 그래서 조선 시대에는 일식이 있을 때마다 왕과 신하가 소복을 입고 겸허한 마음으로 해가 다시 나타나길 빌었어요.

1422년은 새해 첫날부터 일식이 예고되어 있었어요. 세종은 창덕궁 인정전 앞에서 일식이 일어나길 기다렸지요. 그런데 예고된 시각보다 15분 늦게 일식이 일어났어요. 행사가 끝나고, 세종은 일식 시각을 잘못 예고한 관리 이천봉에게 곤장을 내렸어요. 하지만 이렇게 일식 계산이 틀린 것은 이천봉의 잘못이 아니었어요. 조선에는 달력이 없어 중국 달력을 썼기 때문이지요. 그 사실을 누구보다 잘 알았던 세종은 하늘을 관측할 수 있는 기구들을 만들게 했어요. 그리고 그 자료를 바탕으로 조선의 실정에 맞는 달력을 만들게 했어요. 그것이 바로 오늘날의 달력과 비교해도 뒤지지 않을 만큼 정확한 〈칠정산〉이랍니다.

백성들이 안전한 나라

왜구를 물리쳤어요

고려 말부터 우리나라 남쪽에는 왜구들이 큰 골칫거리였어요. 언제든지 기회만 생기면 수시로 쳐들어와 노략질을 일삼았지요. 1419년 5월, 세종이 왕위에 오른 다음 해였어요. 쓰시마섬의 왜구가 배 50여 척을 이끌고 충청도를 침략했어요. 왜구들은 정박 중인 병선을 불태우고, 마을로 쳐들어가 사람들을 닥치는 대로 죽이고 재산을 빼앗아 갔지요. 그 기세를 몰아 며칠 뒤에는 황해도 해주 연평곶까지 침략했어요.

★왜구 우리나라 주변 바다에서 약탈을 하던 일본 해적이에요.

과학과 문화를 발전시킨 세종

왜구의 침략을 보고받은 당시의 상왕 태종이 명령했어요.
"왜구의 본거지인 쓰시마섬을 정벌하라!"
이종무는 경상도, 전라도, 충청도 3도의 병선 200여 척을 이끌고
쓰시마섬으로 들어가 왜구의 항복을 받아 냈어요. 그 후로 왜구의 노략질은
거의 사라졌고, 조선의 남쪽 해안에는 평화가 찾아왔지요.

★**정벌** 적에게 피해를 주기 위해 공격하는 일이에요.
★**병선** 전쟁에 필요한 장비를 갖춘 배예요.

49

여진족을 몰아내고 국경선을 완성했어요

한편 조선의 북쪽에는 여진족이 있었어요. 여진족은 한때 금나라를 세워 세력을 떨치기도 했지만 당시에는 여러 부족으로 쪼개져 만주 일대에 흩어져 살았어요. 조선은 처음에는 여진족과 친하게 지냈어요. 여진족이 조선으로 귀화하면 집과 노비를 주고 결혼까지 시켜 주었지요. 여진족도 평소에는 조선에 말이나 모피 등의 토산품을 바치고, 식량·옷감·농기구·종이 등을 교환해 갔어요. 하지만 식량이 떨어지면 떼를 지어 국경을 넘어와 마을을 습격하고 백성들을 괴롭혔지요.

세종은 그런 여진족을 두고 볼 수 없었어요. 먼저 최윤덕을 압록강 상류로 보냈어요. 최윤덕은 군사 1만 5천여 명을 이끌고 가서 여진족을 몰아내고 4군을 설치했어요. 그다음에는 김종서가 두만강으로 가서 10년간 국경 지대에 머물며 6진을 개척했지요. 세종은 이 영토가 조선 땅임을 분명히 하기 위해 남쪽 지방의 백성들을 옮겨 와 살게 했어요. 이렇게 하여 압록강에서 두만강에 이르는 오늘날의 국경선이 완성되었지요.

신기전

무기를 개발해 국방에 힘썼어요

나라가 튼튼해야 백성들이 안심하고 살 수 있어요. 나라가 약하면 백성들은 전쟁의 위협에 시달려야 하지요. 세종은 전쟁으로부터 백성들을 보호하고 안전한 나라를 만들기 위해 국방에도 많은 힘을 쏟았어요. 먼저 군사들을 모아 훈련하고 새로운 무기를 개발했지요. 1448년에 제작된 신기전은 일종의 로켓 추진 화살이었어요. 고려 말 최무선이 만든 '주화(달리는 불)'를 개량하여 만들었지요. 이 무기는 화살을 한꺼번에 쏠 수 있어 적을 무찌르는 데 큰 도움이 되었어요.

과학과 문화를 발전시킨 세종

또 전쟁에 대비하여 성을 쌓고, 바다를 지킬 수 있도록 더 튼튼하고 더 빠르고 더 수명이 긴 병선을 만들었어요. 그뿐 아니라 실전에서 적을 어떻게 방어하고 공격할 것인가를 연구하여 병법 책을 펴냈어요. 조선 초기에 김종서가 처음 만든 것으로 알려진 〈제승방략〉은 전쟁에서 승리하는 전략을 담고 있지요. 이렇게 나라를 지키려고 다방면으로 노력한 덕분에 세종은 북방을 개척하고 영토를 넓힐 수 있었어요.

백성을 가르치는 바른 소리, 훈민정음

우리 고유의 글자를 만들었어요

1443년 12월이었어요. 세종이 새로 만든 글자 스물여덟 자를 집현전 학자들에게 보여 주며 말했어요.

"내가 새로운 글자를 만들었소. 이 글자는 쪼개면 초성·중성·종성이 되지만, 이 셋을 합쳐야 글자가 이루어진다오. 뜻글자인 중국 한자와는 완전히 다른, 모든 소리를 적을 수 있는 소리 문자라오. 글자는 간결하지만, 요리조리 끝없이 바꾸어 쓸 수 있는 편리한 글자요. 나는 이 문자를 '백성을 가르치는 바른 소리'라는 뜻으로 '훈민정음'이라 할 것이오."

그로부터 3년 뒤인 1446년 세종은 훈민정음의 원리와 사용법을 자세하게 설명한 책 〈훈민정음해례본〉을 펴냈어요. 이로써 우리 고유의 글자가 만들어진 거예요. 오늘날 우리가 쓰고 있는 한글이 바로 훈민정음이랍니다. 〈훈민정음해례본〉은 세종이 직접 서문을 쓰고 정인지, 신숙주, 성삼문, 최항, 박팽년, 강희안, 이개, 이선로 등 집현전 학자들이 본문을 썼어요. 백성들은 〈훈민정음해례본〉으로 우리 글을 배우고 익혔지요.

★ **뜻글자** 하나하나의 글자가 언어의 음과 상관없이 일정한 뜻을 나타내는 문자로, 한자가 대표적이에요.

서문에 창제 이유를 밝혔어요

세종은 〈훈민정음해례본〉 서문에 새로운 글자를 만든 이유를 정확히 밝혀 놓았어요.

"우리말이 중국과 달라 한자로는 서로 뜻이 통하지 않는다. 그래서 어리석은 백성이 말하고자 하는 것이 있어도 자기 뜻을 글로 나타낼 수 없다. 내가 이것을 딱하게 여겨 새로 스물여덟 글자를 만들었으니, 모든 백성이 쉽게 배워서 날마다 편히 쓰게 하고자 할 따름이니라."

이 서문에는 글자를 모르는 백성을 안타깝게 여기는 세종의 마음이 잘 드러나 있지요.

〈훈민정음해례본〉 마지막 장에는 집현전 학자 정인지가 쓴 글이 있어요.
"새로 만든 스물여덟 글자는 전환이 무궁하여 간단하면서도 요점을 잘 드러내고, 정밀한 뜻을 담으면서도 두루 통할 수 있다. 그러므로 슬기로운 사람은 하루아침을 마치기도 전에, 슬기롭지 못한 사람이라도 열흘 안에 배울 수 있다. 이 글자로 한문을 해석하면 그 뜻을 알 수 있다. 또 이 글자로 소송 사건을 다루면, 그 속사정을 이해할 수 있다."
정인지의 글에는 쉽고 편리하면서도 모든 뜻이 통하는 훈민정음의 우수성이 잘 드러나 있지요.

최만리가 상소를 올렸어요

하지만 훈민정음 창제를 모두 반겼던 것은 아니었어요. 한자를 중심으로 공부해 왔던 유학자들은 새로운 글자를 받아들일 수 없었어요. 당시에는 어려운 한자를 배울 수 있는 사람이 많지 않아 글자를 안다는 것 자체만으로 특권을 누릴 수 있었거든요. 그런데 쉬운 글자가 만들어져서 백성들이 모두 글자를 안다면 자신들의 힘과 권력이 흔들릴 거라 여겼던 거예요.
집현전 학자 최만리는 훈민정음 창제에 반대하는 상소문을 올렸어요.
"훈민정음을 만든 것은 지극히 신기한 일이지만 옳은 일이 아니라는 생각이 듭니다. 먼저 중국을 받드는 데 어긋납니다. 한자를 쓰지 않고 자기만의 문자를 만들어 쓰는 건 오랑캐들이나 하는 짓입니다. 그리고 억울한 죄인이 생기는 것은 관리가 공평하지 못한 탓이지 백성이 글자를 몰라서가 아닙니다."
하지만 세종은 물러서지 않았어요. 상소문을 올린 신하들을 설득하고 더 철저하게 훈민정음 반포를 준비했지요.

집현전 학자들이 도왔어요

최만리처럼 훈민정음 창제를 반대한 학자도 있었지만, 세종을 도운 학자들도 있었어요. 정인지는 훈민정음을 만드는 데 큰 역할을 맡았어요. 1446년에는 집현전 학자들과 함께 훈민정음을 연구하여 〈훈민정음해례본〉을 펴냈어요. 또 1447년에는 훈민정음으로 〈용비어천가〉를 지었어요.

〈용비어천가〉는 조선을 세운 왕들을 찬양하며, 후세의 왕들이 하늘을 공경하고 백성을 다스리는 일에 부지런해야 한다는 내용이었어요.

이듬해에 신숙주를 비롯한 최항, 박팽년 등의 집현전 학자들은 중국의 한자음을 연구하여 〈동국정운〉을 펴냈어요. 〈동국정운〉은 중국이 천 년 이상 적지 못한 한자 발음을 훈민정음으로 정확히 적은 한자 발음 사전이었어요. 그때까지 조선은 물론이고 중국에서도 한자의 뜻은 알지만 정확하게 읽을 수 없었어요. 그 문제를 소리글자인 훈민정음이 명쾌하게 해결한 것이지요. 한자를 발음 그대로 읽을 수 있게 되자 새 글자를 반대하던 양반들도 훈민정음의 위대함을 인정할 수밖에 없었어요.

★**소리글자** 말소리를 그대로 기호로 나타낸 문자예요. 한글, 로마자, 아라비아 문자가 있어요.

다양한 방법으로 백성들에게 알렸어요

세종은 적극적으로 훈민정음을 보급해 나갔어요. 먼저 과거 시험의 공식 과목으로 정해 과거 시험을 준비하는 사람은 누구나 훈민정음을 공부하게 만들었지요. 훈민정음은 공부하기도 쉽고 모든 소리를 적을 수 있어 여러모로 편리했어요. 특히 한자음을 정확히 적을 수 있어 한자 공부에도 크게 도움이 되었지요. 한자만을 고집했던 양반뿐만 아니라 백성들도 억울한 일을 당했을 때 한글로 직접 상소를 올릴 수 있었어요.

과학과 문화를 발전시킨 세종

또 세종은 신하들에게 내리는 문서를 훈민정음으로 썼어요. 신하들은 세종의 문서를 읽기 위해서라도 훈민정음을 배워야 했지요. 그리고 세종은 언문청이라는 관청을 설치하고 훈민정음으로 쓴 책을 펴냈어요. 둘째 아들 수양 대군을 시켜 석가모니의 이야기를 다룬 〈석보상절〉을 쓰게 하고, 자신이 직접 석가모니를 찬양하는 노래책 〈월인천강지곡〉을 썼어요. 이런 노력으로 훈민정음은 양반과 백성들에게 점차 퍼져 나갔어요.

세종 시대를 빛낸 사람들

장영실은 천재 과학자였어요

장영실은 경상도에서 노비로 살았어요. 하지만 어려서부터 손재주가 남달랐어요. 뭐든지 주문만 하면 원하는 대로 뚝딱 만들어 내고 고장 난 물건도 잘 고쳤지요. 이런 능력을 인정받아 장영실은 궁에서 기술자로 일하게 되었어요. 과학적 이해가 깊었던 세종은 장영실의 실력을 알아보고 나라와 백성을 위해 일할 기회를 주었어요.

"명나라로 가서 천문 관측기구들을 살펴보고 물시계의 원리를 알아 오라."

과학과 문화를 발전시킨 세종

장영실은 명나라에서 1년 동안 공부하고 조선으로 돌아왔어요. 세종은 장영실이 노비 신분에서 벗어나 더욱 자유롭게 연구할 수 있도록 벼슬을 내렸어요. 세종의 명령을 받은 장영실은 하늘을 관찰하는 혼천의, 해시계 앙부일구, 자동 물시계 자격루 등 다양한 과학 기구들을 만들었어요. 하지만 장영실이 감독했던 가마가 세종이 타기도 전에 부서지는 바람에 곤장을 맞고 쫓겨났어요. 이후 장영실의 기록은 어디에도 남아 있지 않아요.

황희는 판단력이 뛰어났어요

세종에게는 훌륭한 신하들이 있었어요. 그중 황희는 24년간 정승을 지낸 으뜸 신하였지요. 황희는 자기 생각이 분명하고 판단력이 뛰어났어요. 세종은 황희를 무척 신뢰했고, 항상 곁에 두고 나라의 중요한 일들을 맡겼어요. 가령 평안도에 성을 쌓아 국경을 튼튼히 하자는 의견이 분분할 때 황희를 파견하여 조사하게 했어요. 황희는 평안도의 각 고을을 살펴보고 성을 새로 쌓아야 할 곳, 합병해야 할 곳 등을 꼼꼼하게 살펴 보고했어요. 세종은 황희의 의견에 따라 북방 개척의 기초를 닦아 나갔지요.

또 백성들의 생활에 직접 도움이 되는 일을 추진했어요. 백성들에게 수확량이 더 많은 곡식 종자를 나눠 주고, 각 도에 뽕나무를 많이 심어 의생활을 풍족하게 했지요. 그리고 국방에도 힘써서 외적의 침입에 대비하고, 유교에서 중요하게 여기는 예절을 조선의 현실에 맞게 고쳤어요. 이처럼 능력 있는 황희를 세종은 늘 곁에 두려 했어요. 벼슬을 그만두려 해도 끝까지 붙잡았지요. 그래서 황희는 여든일곱 살에야 정승에서 물러났고 아흔 살에 눈을 감았어요.

맹사성은 지혜가 있었어요

황희와 어깨를 나란히 하는 세종의 또 다른 신하는 맹사성이었어요. 맹사성은 생각이 깊고 지혜가 있었어요. 세종은 이런 맹사성의 인품과 실력을 믿고 역사, 문화, 예술 분야의 일들을 맡겼어요. 맹사성은 뛰어난 업무 능력을 발휘하여 맡은 일을 성실하게 수행했지요. 특히 우리 고유의 음악인 향악에 지식과 관심이 많아 조선 초기 음악의 기초를 마련하는 데 큰 역할을 했어요.

과학과 문화를 발전시킨 세종

또 세종이 과중한 업무 때문에 질병에 시달리자, 온양에 내려와 온천욕으로 질병을 치료할 것을 권했어요. 온천욕으로 효과를 본 세종은 온천 치료의 혜택이 백성에게도 돌아가야 한다고 생각했어요. 그래서 백성을 위한 온천탕을 만들라고 명령했지요. 온양이 고향인 맹사성은 온천 치료의 효과를 누구보다 잘 알았고, 세종의 뜻을 고맙게 받들었어요. 이렇게 맹사성은 자신의 자리에서 최선을 다해 세종을 도왔어요. 그리고 나이가 들어서는 온양에 가서 조용히 지내다 세상을 떠났지요.

이순지와 이천은 뛰어난 과학자였어요

이순지는 조선 초기의 천문학자로, 세종 때에 크게 활약했어요. 셈법에 매우 뛰어나고 천문과 지리 등에 무척 밝았지요. 이순지의 가장 위대한 업적은 조선의 위도를 알아낸 것이었어요.

"우리나라는 북극을 기준으로 38도 위치에 있습니다."

이순지는 천체의 움직임을 정확히 알아내 〈칠정산〉을 완성하고, 우리나라의 일식을 정확히 예측했어요. 또 과학자인 장영실, 이천 등과 함께 다양한 과학 기구를 개발했지요.

과학과 문화를 발전시킨 세종

이천은 천문, 인쇄, 군사 분야의 과학 기술자였어요. 하늘을 관측하는 천문 기구 제작의 총책임을 맡아 장영실과 함께 간의, 혼천의, 앙부일구 등의 해시계를 만들어 내는 등 눈부신 성과를 이뤘지요. 또 인쇄 기술을 발전시키고, 금속 활자인 갑인자를 개발하여 책을 만드는 데 큰 기여를 했어요. 그뿐 아니라 구리 대신 쇠로 대포를 만드는 등 화포의 개량에도 힘쓰고, 튼튼한 병선을 만드는 일에도 정성을 다했어요.

박연이 궁중 음악을 정리했어요

예나 지금이나 나라의 중요한 행사에는 음악이 있어요. 그런데 당시 조선에는 국가 행사에 사용할 음악이 없었어요. 그래서 우리 정서에 맞지 않은 중국 음악을 빌려 썼지요. 이것이 못마땅했던 세종은 이론과 실기에 두루 뛰어난 음악가 박연을 찾아내 궁중 음악인 아악을 정비하게 했어요. 아악은 국가 행사 즉 궁중에서 왕과 신하들이 조회할 때, 세자 책봉, 혼례 등 각종 궁중 의례를 치를 때 그리고 국가 제사 때 사용하는 음악이었어요.

조선만의 음악을 만들자.

편경

과학과 문화를 발전시킨 세종

박연은 아악 정리에 나섰어요. 흩어져 있던 악보들을 모아 정리하고, 그 음악에 어울리는 새로운 악기들을 만들었지요. 그리고 의례에 따라 각기 어울리는 음악을 찾아 정리했어요. 박연이 정리한 아악 중 종묘 제례악과 문묘 제례악이 오늘날까지 전해지고 있어요. 종묘 제례악은 종묘에서 제사 지낼 때 연주하는 음악인데, 2001년 종묘 제례와 함께 세계 무형 유산으로 지정되었어요.

이종무와 김종서는 훌륭한 장수였어요

세종 때에 국방을 책임졌던 대표 장수는 이종무와 김종서였어요. 이종무는 어릴 때부터 말타기와 활쏘기에 뛰어나 군인이 되었어요. 세종이 왕위에 오른 직후에는 쓰시마섬을 정벌하여 남쪽 바다를 지켰어요. 그 덕분에 남쪽 지방 백성들은 왜구에게 시달리지 않고 평화롭게 지낼 수 있었지요. 훗날 이종무가 예순여섯의 나이로 세상을 떠나자, 세종은 3일간 조회를 중단하고 애도했어요. 그리고 '만리장성이 갑자기 무너졌다.'라고 슬픈 마음을 표현했지요.

과학과 문화를 발전시킨 세종

세종은 북쪽을 침입하는 여진족의 침략을 막기 위해 김종서를 북방으로 보냈어요. 김종서는 북방 개척 사업을 빈틈없이 해 나갔어요. 여진족을 감시하며 진을 세우고 백성을 안전한 곳으로 이주시켰지요. 그렇게 10년간 노력한 끝에 6진을 개척하고 영토를 압록강과 두만강까지 넓혔어요. 이로써 백성들이 안심하고 살 수 있는 국경선이 확정되었지요. 그러자 북방에 살던 백성들은 용감한 김종서 장군을 큰 호랑이라 부르며 존경했어요.

실록 배움터

절대 음감을 가진 세종

어려서부터 음악에 뛰어난 재능을 보였던 세종은 우리 음악의 역사에 빼놓을 수 없는 업적을 남겼어요. 특히 중국에서 들여온 아악이 아니라 평소에 듣던 향악을 바탕으로 손수 여러 곡을 작곡했지요. 먼저 제사 음악인 종묘 제례악 중 '정대업'과 '보태평'을 작곡했어요. '정대업'은 조선 왕조의 군사적인 업적을 찬양하는 곡이고, '보태평'은 학문적인 업적을 찬양하는 곡이었어요. 또 〈용비어천가〉에 곡을 붙여 '여민락'을 작곡했는데, 여민락은 '백성과 더불어 즐기자'라는 뜻이에요. 그러나 실제로는 궁중에서만 즐긴 음악이었지요.

세종은 이렇게 작곡한 음악을 후세에 전하기 위해 '정간보'라는 악보를 새로 만들었어요. 이 악보는 그전과는 달리 음의 높이와 길이를 정확하게 표시할 수 있었어요. 이런 악보를 '유량악보'라고 하는데, 정간보는 우리나라 최초의 유량악보예요. 또한 동양에서는 가장 오래된 유량악보로, 서양의 오선보와 함께 세계 2대 유량악보로 꼽히지요.

보태평

여민락

용비어천가

문종은 세종의 뒤를 이어 성군이 되는 과정을 차곡차곡 밟았어요. 여덟 살에 세자에 책봉되어 충실하게 세자 수업을 받았고, 30여 년을 세종 곁에서 실무를 익혔어요. 마지막 8년은 병든 세종을 대신하여 나라를 다스렸지요. 그러나 몸이 약했던 문종은 왕위에 오른 지 2년여 만에 세상을 떠나고 말았어요. 그 뒤를 이어 열두 살의 단종이 왕위에 올랐어요. 그러자 수양 대군이 신하들과 난을 일으켰어요. 결국 단종은 왕위에서 쫓겨나 귀양길에 올랐지요.
지금부터 문종과 단종의 안타까운 이야기를 만나 보아요.

비운의 왕, 문종과 단종

30년간 왕이 될 준비를 한 문종

성군의 자질을 갖췄어요

세종은 소헌 왕후와의 사이에서 8남 2녀를 낳았어요. 맏아들 문종은 세종의 뒤를 이어 조선의 제5대 왕이 되었어요. 둘째 아들은 수양 대군으로, 조카 단종을 내쫓고 왕위에 올라 제7대 세조가 되었어요. 셋째 아들 안평 대군은 시와 글씨에 뛰어난 예술가였어요. 안견이 그린 〈몽유도원도〉에 쓴 글과 글씨가 지금까지 전해지지요.

비운의 왕, 문종과 단종

1421년, 문종은 여덟 살에 왕세자가 되었어요. 아버지 세종을 닮아 학문을 좋아해 열심히 공부했지요. 특히 천문을 잘 알아 세종이 밖에 나갈 때는 날씨를 물을 정도였어요. 역산과 천문에 뛰어나 장영실이 측우기를 만들기 전에 이미 구리 그릇에 빗물을 받고 그 양을 자로 재는 실험을 했을 정도였지요. 그뿐 아니라 활쏘기도 했다 하면 백발백중이고, 글과 글씨는 물론이고 음운학에도 빼어났어요.

★**음운학** 한자의 뜻을 구별해 주는 소리의 가장 작은 단위인 음운을 연구하는 학문이에요.

실제 정치를 경험했어요

삼십 대 중반을 넘긴 세종은 갖가지 질병에 시달렸어요. 일을 너무 많이 하는 데다 운동이 부족했기 때문이지요. 건강을 잃은 세종은 나라의 중요한 일을 뺀 나머지 일을 세자에게 맡기겠다고 했어요. 그러나 신하들은 왕이 계시는데 나랏일을 세자가 결정해서는 안 된다며 반대했어요. 세종은 몸져눕는 날이 많았지만, 나랏일을 계속할 수밖에 없었지요. 그러는 사이 세종의 병은 점점 깊어졌고 신하들도 더는 반대할 수 없었어요.

비운의 왕, 문종과 단종

1442년 세종은 세자에게 나랏일을 맡기기 시작했어요. 왕을 대신하여 군사 훈련을 겸한 사냥 대회를 이끌게 하고, 종묘의 제사를 대신 지내게 했어요. 그리고 세자궁 안에 따로 건물을 지어 신하들의 조회를 받게 했지요. 또 신하들에게는 국가의 중대사를 제외한 모든 일을 세자에게 결재받도록 했어요. 이렇게 8년간 문종은 왕세자로서 실제 정치를 경험했어요. 이런 경험은 왕위에 올라 안정적인 정치를 펼쳐 나가는 데 도움이 되었지요.

꿈을 펼치지 못한 문종

언론 활동이 활발했어요

1450년 2월, 세종이 세상을 떠나고 문종이 왕위에 올랐어요. 하지만 문종은 30여 년을 세자로 지내면서 갈고닦은 실력을 마음껏 펼칠 수 없었어요. 원래 몸이 약한 데다 세자로서 해야 할 일이 너무 많아 건강이 더 나빠졌거든요. 왕이 자주 앓아눕자 왕권이 약해졌어요. 그 틈에 수양 대군과 안평 대군 등 다른 왕자들이 힘을 키웠어요. 그러자 왕자들을 비판하는 언관★ 언론이 생겨났어요. 왕자들은 이런 언론과 팽팽하게 맞섰지요.

★**언관** 조선 시대 사간원과 사헌부를 말해요. 임금과 관리의 잘못을 따져 말하는 언론 담당 관직이에요.

비운의 왕, 문종과 단종

또 불교를 배척하고 나라 기강을 바로 세워야 한다는 언론이 일었어요. 세종 말기에 궁 안에서 각종 불교 행사를 열고 내불당을 지었을 때는 감히 제 목소리를 내지 못했던 언론들이었지요. 이처럼 당시에는 다양한 언론이 활발하게 움직였어요. 문종은 더 다양한 의견이 나올 수 있도록 언론의 자유를 보장해 주었어요. 비록 벼슬이 낮은 신하일지라도 부드럽게 대하면서 그들의 말에 귀를 기울였지요.

화차를 만들어 쓰게 했어요

문종은 세자 시절부터 나라를 지키는 군사력에 관심이 많았어요. 그래서 전쟁에서 이길 수 있는 전략과 무기 연구에도 힘을 쏟았지요. 왕위에 올라서는 직접 설계한 화차를 임영 대군을 시켜 만들게 했어요. 수레에 신기전 100개나 사전총통 50개를 꽂아 두고 불을 붙이면 연달아 차례로 발사되는 기구를 만든 거예요. 신하들은 화차를 끄는 데 드는 힘이 얼마나 되는지를 실험했어요. 그랬더니 평탄한 곳에서는 두 사람이 끌어서 쉽게 가고, 조금 높거나 울퉁불퉁한 곳에서는 두 사람이 끌고 한 사람이 밀어야 하며, 높고 험한 곳에서는 두 사람이 끌고 두 사람이 밀어야 했어요.

실험이 끝나자 문종이 말했어요.

"화차는 원래 적을 막는 기구라 보통 때에는 쓸모가 없다. 하지만 쓰지 않고 그냥 놔두면 망가지고 만다. 그러니 평소에는 각사에 나누어 주어서 여러 가지 물건을 운반하는 데 사용해라. 그래야 전쟁이 일어났을 때 화포를 싣고 가서 적을 방어하는 데 유용하게 쓸 수 있다. 서울과 평양, 안주 등지에서 그 수를 정하여 화차를 만들어 쓰게 하여라."

이렇게 하여 문종이 만든 화차는 평소에는 물건을 나르다가 전쟁 때 화포를 운반했어요.

★**각사** 한양에 있던 관아를 통틀어 이르는 말이에요.

89

군사 제도를 정비했어요

어느 날 군사 업무를 맡은 신하가 말했어요.

"지금 군사들은 열심히 훈련하지 않습니다. 겨우 무예를 배워도 벼슬을 하고 나면 끝입니다. 연습을 게을리한 군사에게 벌점을 주어서 무예에 힘쓰게 해야 합니다."

그러자 문종이 대답했어요.

"게으른 군사에게 벌점을 주는 것보다 열심히 연습하는 군사에게 가산점을 주는 게 낫다. 그러면 다투어 훈련에 힘쓸 것이다."

문종은 효율적인 군사 훈련 방법까지 잘 알고 있었던 거예요.

비운의 왕, 문종과 단종

그뿐 아니었어요. 문종은 세자 때부터 연구했던 〈진법〉을 완성했어요.
"전쟁에서 승리하려면 군사를 이끄는 장수가 중요하다. 공격할 때와 물러설 때를 알고, 위급한 상황을 극복할 수 있는 지혜가 있어야 한다. 또 부대가 달라도 원활하게 소통하고, 적과 싸울 때는 하나로 뭉쳐야 한다. 내가 옛 책을 살펴보니 그런 내용이 없거나 부족하여 새로 진법을 만들었다."
문종이 만든 진법은 수양 대군, 김종서, 정인지가 교정하여 책으로 펴냈어요. 문종은 이를 바탕으로 군사 조직을 개편하고 조선 전기의 군사 제도를 정비했어요.

★**진법** 군대에서 진을 치는 방법이에요.

역사책을 펴냈어요

또 〈동국병감〉, 〈고려사〉, 〈고려사절요〉 등 역사책을 펴냈어요. 그중 〈동국병감〉은 우리나라 최초로 전쟁의 역사를 정리한 책이에요. 고조선부터 고려까지 일어났던 전쟁을 시대순으로 정리했는데 〈진법〉과 함께 군사를 이끄는 장수들의 필독서가 되었지요. 그 밖에도 고려 시대 역사를 담은 〈고려사〉와 고려 시대를 편년체로 정리한 〈고려사절요〉를 완성했어요. 이런 역사책은 조선의 정치와 제도, 문화를 정비해 나가는 데 중요한 역할을 했답니다.

★**편년체** 역사적 사실을 연대순으로 기록하는 서술 방법이에요.

병으로 일찍 세상을 떠났어요

문종은 효심 또한 깊었어요. 왕세자였던 30여 년 동안 한결같이 저녁때가 되도록 세종을 모셨어요. 그리고 세종의 병이 깊어지자 온갖 정성을 다했지요. 뜰에 직접 심은 앵두나무에 앵두가 익기를 기다렸다가 손수 따다 드렸어요. 앵두 맛을 본 세종의 기쁨은 이루 말할 수 없었지요.

세종이 세상을 떠나고 문종은 제5대 왕이 되었어요. 하지만 평소 몸이 약했던 문종은 병이 깊어져 왕위에 오른 지 2년여 만에 눈을 감고 말았어요.

실록 배움터

조선에 적들이 모르는 비밀 무기가 있었다고?

조선에는 적이 침입했을 때 나라를 지킬 수 있는 비밀 무기가 있었어요. 그 무기가 적진으로 날아가면 여진족은 물론이고 왜구들도 무서워서 도망치기 바빴어요. 세종은 이 무기가 적들에게 노출되지 않도록 철저하게 비밀을 유지했지요. 훈련할 때도 세심한 주의를 기울이고, 사람들이 지나다니는 흔적만 발견돼도 바로 훈련을 중지했어요. 조선 최고의 무기로, 적을 벌벌 떨게 했던 이 비밀 무기는 바로 '편전'이었어요.

편전은 작고 짧은 화살이에요. 아기살이라고도 불렸던 이 작은 화살은 어떤 화살보다 관통력이 뛰어났어요. 반으로 쪼갠 대나무 통에 넣어서 쏘았는데, 촉이 날카롭고 날쌔서 단번에 갑옷이나 투구를 뚫었지요. 특히 화살을 쏘아도 대나무 통이 손에 그대로 남아 있어 적은 화살이 날아오는 줄도 모르고 정통으로 맞았어요. 게다가 보통 화살과 달리 대나무 통이 없으면 주워서 되쏠 수 없었어요. 작지만 편전의 위력은 총과 맞먹을 정도로 대단했다고 해요.

어린 나이로 왕위에 오른 단종

세종과 문종이 부탁했어요

단종은 1441년에 당시 왕세자였던 문종과 왕세자빈이었던 현덕 왕후의 아들로 태어났어요. 그런데 몸이 약했던 현덕 왕후가 단종을 낳은 지 3일 만에 세상을 떠나고 말았어요.

세종은 소헌 왕후와 의논하여 어린 단종을 자신의 후궁인 혜빈 양씨에게 부탁했어요. 마음이 따뜻했던 혜빈 양씨는 어머니를 잃은 단종에게 자신의 젖을 먹이며 온갖 정성을 다해 보살폈어요.

할아버지 세종은 단종을 무척 사랑했어요. 하지만 온갖 질병에 시달리던 세종은 자신이 오래 살지 못한다는 것을 잘 알고 있었어요. 또 아들 문종 역시 몸이 약해서 언제 떠날지 알 수 없었어요. 세종은 혼자 남게 될 어린 손자가 늘 걱정이었지요. 그래서 기회가 있을 때마다 자신이 아끼던 집현전 학자들에게 단종을 지켜 달라고 부탁했어요.

문종 또한 숨을 거두며 북방을 개척하고 여진족을 물리친 충신 김종서 등에게 단종을 도와주라고 당부했어요.

"어린 왕세자를 지켜 주시오. 그대들만 믿겠소."

권력이 신하에게 집중되었어요

단종은 열두 살의 어린 나이에 왕위에 올랐어요. 당시에는 왕의 나이가 적으면 왕실의 어른인 대비가 대신 나라를 다스렸어요. 그러나 단종에게는 그런 왕실 어른마저 없었어요. 그래서 문종의 유언을 받들어 김종서와 황보인 등 의정부의 신하들이 나랏일을 대신했어요. 단종은 의정부 신하들이 결정하면 형식적인 결재만 했어요. 인사도 마찬가지였어요. 김종서와 황보인이 벼슬자리에 앉힐 사람을 미리 뽑아 황색 점을 표시해 두면 단종은 그 사람을 뽑았지요.

★**의정부** 조선 시대 행정부의 최고 기관이에요. 영의정·좌의정·우의정이 있었는데, 이들의 합의에 따라 국가 정책을 결정했어요.

어린 단종에게는 이 방법이 최선이었어요. 어떤 사람을 뽑아야 할지 후보의 신상과 자질을 전혀 알지 못했으니까요. 그런데 이런 방식으로 사람을 뽑게 되자 의정부 신하들의 권한이 세졌어요. 점차 김종서, 황보인 등과 가까운 사람들로 벼슬자리가 채워지더니 얼마 지나지 않아 주요 벼슬을 모두 차지했어요. 이렇게 의정부 신하들의 힘이 세지자 단종의 작은아버지인 수양 대군과 안평 대군 등 왕족들이 불만을 품고 세력을 키웠어요.

신하들이 두 파로 나뉘었어요

조정의 신하들은 수양 대군과 안평 대군 주위로 모여들었어요. 세종은 두 아들을 평등하게 대했고 항상 함께 일하게 했어요. 하지만 권력을 앞에 두고는 서로 경쟁하는 관계가 되었지요. 신하들도 수양 대군 파와 안평 대군 파로 나뉘었어요. 어린 단종을 대신해 정치하면서 막강한 힘을 가졌던 의정부 대신들은 고민 끝에 안평 대군의 손을 잡았어요. 수양 대군처럼 왕위를 넘보는 일은 하지 않을 거라 믿었기 때문이지요. 안평 대군은 의정부 대신들의 지지를 받으며 궁 안의 실세가 되었어요.

하지만 수양 대군도 만만찮았어요. 이미 궁 안에는 안평 대군보다 수양 대군과 가까운 사람이 더 많았거든요. 게다가 의정부 대신들이 인사권을 장악하면서 요직에 오르지 못한 집현전 학자들도 수양 대군을 지지했어요. 또 수양 대군은 자신을 도울 책략가와 싸움 잘하는 무사들을 끌어모았어요. 그중에는 권남, 한명회 등의 야심가들이 있었어요. 수양 대군은 이런 야심가들과 함께 차근차근 거사를 준비해 나갔어요.

계유정난으로 단종을 밀어낸 수양 대군

충신 김종서를 죽였어요

1453년 10월 10일 밤, 수양 대군은 먼저 김종서의 집으로 찾아갔어요. 김종서는 북방을 개척하고 여진족을 물리친 훌륭한 장수였어요. 또 그는 문종이 어린 단종을 부탁할 정도로 뛰어난 충신이었지요. 당시 사람들은 이런 김종서를 북방의 큰 호랑이, '대호'라 부르며 존경했어요. 하지만 호시탐탐 왕의 자리를 노리던 수양 대군에게는 눈엣가시 같은 존재였어요. 거사를 이루기 위해서는 김종서부터 없애야 했지요.

비운의 왕, 문종과 단종

수양 대군은 김종서를 불러내 부탁할 게 있다며 편지를 내밀었어요. 김종서는 별 의심 없이 편지를 받아서 읽으려고 했지요. 그때 수양 대군 뒤에 섰던 무사가 김종서를 철퇴로 내리쳐서 쓰러뜨렸어요. 김종서의 아들이 놀라 덤벼들자 무사는 다시 칼을 휘둘러 목을 베어 버렸어요. 수양 대군은 이때 김종서가 죽지 않았다는 것을 알고 그가 숨어 있던 곳으로 다시 무사를 보내 김종서를 없앴어요. 그때 김종서는 일흔한 살이었어요.

살생부를 만들어 신하들을 죽였어요

김종서를 해치운 수양 대군은 곧장 궁궐로 들어갔어요. 그러고는 자고 있던 단종을 깨워 말했어요.

"김종서가 황보인 등과 짜고 안평 대군을 왕으로 세우려고 했습니다. 그래서 제가 그 우두머리인 김종서를 없앴습니다."

어린 단종은 무서워서 벌벌 떨었어요. 수양 대군이 다시 말했어요.

"전하, 걱정하지 마십시오. 제가 군사들을 배치하여 전하를 지키겠습니다."

말을 마친 수양 대군은 궁궐로 들어오는 모든 길목에 군사들을 배치하고 왕명으로 모든 신하를 불렀어요. 자다가 느닷없이 왕명을 받은 신하들은 서둘러 궁궐로 향했지요.

비운의 왕, 문종과 단종

한명회는 궁궐 문 안에서 살생부를 보며 신하들의 운명을 갈랐어요. 김종서와 가까운 사람은 '살'로 표시하여 그 자리에서 죽이고, '생'이 표시된 신하만 궁궐 문을 통과시켰어요. 그리고 안평 대군에게는 왕권을 노렸다는 누명을 씌워 강화도로 유배 보냈다가 사약을 내려 죽였어요.

단종에게 옥새를 받았어요

수양 대군은 살생부를 만들어 수많은 사람을 죽이고, 영의정 등 중요 직책을 모두 차지했어요. 그리고 거사에 직간접적으로 참여한 정인지, 권남, 한명회 등 43명을 정난공신으로 만들었어요. 수양 대군의 권세는 날이 갈수록 커졌어요. 그의 뜻을 조금이라도 거스르면 살아남을 수 없었지요. 단종은 허수아비에 불과했어요. 실제 나라를 다스리는 사람은 수양 대군과 그를 따르는 신하들이었지요.

권력을 완전히 장악한 수양 대군은 노골적으로 왕위를 넘보기 시작했어요. 목숨에 위협을 느낀 단종은 수양 대군에게 왕위를 내놓겠다고 했어요. 왕이 된 지 3년 2개월 만이었어요. 처음에 수양 대군은 거짓 눈물을 흘리며 사양했어요. 하지만 단종이 직접 옥새를 건네자 곧바로 받았어요. 비판하는 신하는 없었어요. 반대할 만한 신하들을 모조리 제거해 버렸기 때문이지요.

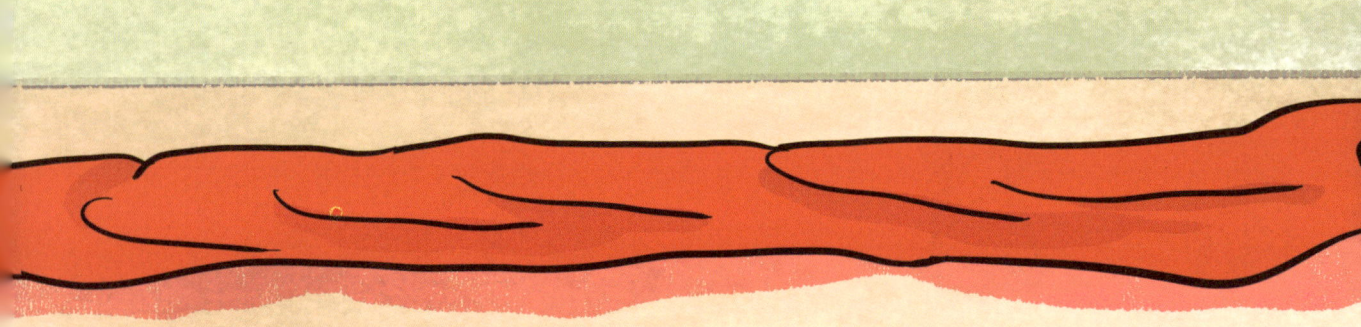

실록 놀이터

성군의 자질을 갖췄지만 일찍 세상을 떠난 문종과 작은아버지에게 왕위를 빼앗긴 단종의 안타까운 이야기를 살펴봤어요. 다음 그림을 보고 틀린 것을 두 개 골라 네모 칸에 V해 보세요.

문종은 천문을 잘 알아 세종이 밖에 나갈 때 날씨를 물을 정도였어요.

문종은 8년간 왕세자로서 실제 정치를 경험했어요.

문종이 만든 화차는 화포를 운반하는 도구로 전쟁 때에만 사용했어요.

단종은 신하들이 미리 황색 점을 표시해 둔 사람을 뽑아 벼슬자리에 앉혔어요.

수양 대군은 어린 단종을 도와 나라를 다스리는 데 큰 공을 세웠어요.

세조는 어린 단종을 몰아내고 왕위에 올랐어요. 그런 세조를 따르고 좋아하는 신하도 있었지만 부도덕하게 여긴 신하도 많았어요. 성삼문, 박팽년 등 집현전 학자들은 단종 복위 운동을 일으켰어요. 세조는 이들을 참혹하게 죽이고 왕권을 키워 강력한 정치를 펼쳤어요. 중요한 나랏일을 직접 결정하고 지방에 수령을 내려보냈어요. 호패법을 시행하여 전국의 인구를 파악하고 조선의 기본 법전인 〈경국대전〉을 펴내기 시작했지요.
지금부터 세조가 왕권을 강화하기 위해 어떻게 노력했는지 알아보아요.

강력한 정치를 펼친 세조

왕위에 오른 수양 대군

옳지 않다고 생각하는 신하들이 있었어요

1455년 6월, 수양 대군은 조카 단종에게 옥새를 건네받고 왕위에 올랐어요. 바로 조선 제7대 왕 세조이지요. 세조는 자신이 밀어낸 단종을 상왕이라 하고 창덕궁에서 지내게 했어요. 하지만 거의 가둬 둔 것이나 마찬가지였어요. 밖으로 나갈 수도 없고 그렇다고 누가 들어갈 수도 없었지요. 단지 세조만이 한 달에 한 번 정도 문안을 오거나 사냥에 초대했어요. 어린 상왕 단종은 날마다 공포에 떨었어요. 언제 어떻게 죽을지 알 수 없었기 때문이지요.
왕위에 오른 세조는 왕위 계승을 인정받으려고 가족의 지위부터 높였어요. 부인 윤씨는 왕비로, 맏아들 의경 세자는 왕세자로 책봉했어요. 그리고 관리의 대부분을 자신에게 충성하는 사람들로 뽑았어요.
하지만 여전히 세조를 왕으로 인정하지 않는 신하들이 있었어요. 특히 인간의 도리를 중요하게 여기는 유학자들은 수많은 사람을 죽이고 어린 조카의 왕위를 빼앗은 일은 절대 있을 수 없는 일이라고 생각했어요.

단종 복위 운동이 일어났어요

집현전 학자 성삼문과 박팽년은 마음이 무거웠어요. 어쩔 수 없이 나랏일을 하면서도 마음속으로는 딴생각을 품었어요. 이들에게 왕은 단종뿐이었어요. 게다가 이들은 자신들을 한없이 아끼고 사랑했던 세종이 기회가 있을 때마다 당부한 말을 잊지 않았어요.

"어린 세손을 잘 보살펴 달라."

성삼문과 박팽년은 단종을 다시 왕위에 올리려고 계획했어요. 일하는 틈틈이 뜻을 같이하는 사람들을 모았지요.

강력한 정치를 펼친 세조

드디어 기회가 찾아왔어요. 세조가 명나라 사신을 접대하는 잔치에 성삼문과 뜻을 같이하는 사람을 별운검으로 뽑은 거예요. 이때 세조와 그 측근들을 없애기로 계획했어요.

그런데 한명회가 잔치 장소가 좁다는 이유를 들어 별운검을 뺐어요. 계획이 미뤄지자 함께하기로 했던 관리 김질이 장인인 정창손에게 가서 사실을 털어놓았어요. 둘은 밤중에 급히 세조를 찾아가 이 일을 알렸어요. 세조는 당장 성삼문, 박팽년, 하위지, 유성원, 유응부, 이개 등의 핵심 인물과 동조자들을 모두 잡아다 심문하고 죽였어요.

★**별운검** 큰 칼을 차고 왕을 좌우에서 호위하는 무사예요.

115

영월로 귀양 보내고 사약을 내렸어요

세조는 단종을 살려 두는 게 불안했어요. 살려 두면 또 언제 복위 운동이 일어날지 알 수 없었지요. 단종의 존재 자체가 세조에게는 위협이었던 거예요. 세조는 먼저 단종을 강원도 영월로 귀양 보냈어요.

"상왕을 노산군으로 신분을 낮춰 강원도 영월로 보내라."

단종이 유배되었던 강원도 영월 청령포는 사방이 막힌 곳이었어요. 서쪽은 깎아지른 듯한 절벽이고 삼면이 강으로 둘러싸여 섬과 같았어요. 도망은 꿈도 꿀 수 없는 유배지였지요. 하지만 단종을 복위해야 한다는 주장이 끊이지 않았어요. 이번에는 세조의 넷째 동생인 금성 대군이 사건을 일으켰어요. 금성 대군은 단종 복위를 주장하다 경상도 순흥에 유배되었는데, 그곳에서까지 단종 복위를 주장했어요.

강력한 정치를 펼친 세조

세조는 사약을 내려 금성 대군을 죽였어요. 그리고 노산군이던 단종의 신분을 일반 백성으로 낮추고, 사약을 내렸어요. 그때 단종은 열일곱 살이었어요. 왕위에 오른 지 5년밖에 되지 않았던 단종은 그렇게 죽음을 맞이하고 말았어요.

실록 배움터

사육신과 생육신은 어떻게 생겨났을까?

서울특별시 동작구 노량진동에는 사육신의 묘가 있어요. 사육신은 단종의 복위를 주장하다 목숨을 잃은 성삼문, 박팽년, 이개, 하위지, 유성원, 유응부 여섯 신하를 말해요. 단종에게 의리와 절개를 지킨 충신들인데, 후세 사람들이 그 충절을 기려 사육신이라 부르지요.

그런데 나중에 김문기도 사육신에 들어갔어요. 사실 단종 복위 운동에 나선 사람이 사육신만이 아니었던 거예요. 이름이 널리 알려지지 않은 충신들이 더 있었지요. 김문기도 그 충신 중 하나고요. 그 외에도 성승, 권자신 등을 비롯해 70~80명이 단종 복위 운동에 참여했어요.

그뿐만이 아니었어요. 목숨을 잃지 않고 살아남았지만 끝까지 세조 밑에서 벼슬하지 않고 절개를 지킨 사람들이 있었어요. 김시습, 원호, 이맹전, 조려, 성담수, 남효온이 대표적인데, 후세 사람들은 이들을 사육신과 마찬가지로 생육신이라 높여 부르며 그 충절을 기렸어요. 이중 남효온은 나중에 생육신의 한 사람이 되었어요. 사건 당시에는 불과 세 살이었지만, 성인이 되어 세조가 부도덕하게 왕권을 빼앗은 일을 날카롭게 비판했지요. 또한 남효온은 〈육신전〉이라는 책을 써 당시 '반역의 인물'이었던 사육신을 '충절의 인물'로 바로잡기도 했어요.

강력한 왕권 강화 정책

불교 진흥에 힘썼어요

조선은 유교 국가였어요. 불교를 억누르고 유교를 바탕으로 나라를 다스렸지요. 그러나 세조는 왕자 시절부터 불교에 심취했어요. 한자로 된 불교 경전을 우리 문자인 훈민정음으로 옮길 정도로 불교에 조예가 깊었지요. 왕위에 오른 세조는 불교 진흥에 더욱 힘썼어요. 더 많은 사람이 불교를 이해하고 공부할 수 있도록 대대적으로 한글로 불경을 펴냈어요. 이 책들은 오늘날 한글의 변천과 불교학, 문헌학 연구에 귀중한 자료로 활용되고 있어요.

그리고 서울 한복판에 원각사를 지었어요. 세조는 직접 현장을 둘러보고 공사 감독도 직접 임명했어요. 주변에 있던 집 2백여 채를 모두 철거하고 터를 닦았어요. 공사에는 2천여 명의 군사들이 동원되었고, 법당 지붕에는 청기와 8만여 장이 들어갔어요. 경비가 엄청났지만, 세조는 온갖 정성을 다해 원각사를 완성했어요.

현재 원각사 자리였던 탑골 공원에는 국보 제2호로 지정된 원각사지 십층 석탑과 보물 제3호인 원각사지 대원각사비가 남아 있어요.

왕의 힘을 키웠어요

세조는 왕권을 강력하게 키웠어요. 먼저 나라의 중요한 일들을 신하들과 의논하지 않았어요. 나랏일을 맡아 보던 관청 육조에서 직접 보고를 받아 혼자 검토하고 결정했어요. 당연히 신하들이 반대하고 나섰지요.

"아니 되옵니다. 조선은 나라의 크고 작은 일들을 의정부에서 의논해 왔습니다."

하지만 세조는 반대하는 신하의 머리채를 잡아끌고 나가 의금부에 가두라고 명령했어요. 그것을 본 신하들은 감히 입도 뻥긋 못 했어요.

★**육조** 조선의 행정 조직으로 이조(관리를 뽑는 일과 행정 업무 담당), 호조(나라 살림 업무 담당), 예조(궁중 음악·제사·과거 시험 등의 업무 담당), 병조(군사 업무 담당), 형조(법의 집행과 형벌에 대한 업무 담당), 공조(토목·삼림·목재 등의 업무 담당)가 있어요.

또 세종 때부터 수많은 학자를 배출했던 집현전을 폐지해 버렸어요. 집현전 학자들을 중심으로 단종 복위 운동이 벌어졌기 때문이지요. 게다가 신하들과 대화하며 정치 문제를 토론했던 경연까지 없앴어요. 신하들은 경연을 다시 열어야 한다고 주장했어요. 세조는 할 일이 너무 많고 공부는 이미 할 만큼 했다면서 받아들이지 않았어요. 그러고는 집현전에 있던 책들을 모두 예문관으로 옮겨 버렸지요.

호패법을 시행했어요

세조는 더욱 강력한 정치를 펼치기 위해 호패법을 시행했어요. 호패는 열여섯 살 이상의 남자가 차고 다녀야 하는 길쭉한 패였어요. 오늘날의 주민등록증과 같은 것으로 성과 이름, 직업, 계급 등이 기록되었지요. 호패가 있으면 전국의 인구를 파악하기 쉽고 여러 가지 행정 업무를 처리하는 데 편리했어요. 특히 세금을 빠짐없이 걷고 열여섯 살 이상의 모든 남자에게 군역의 의무를 지울 수 있었지요.

강력한 정치를 펼친 세조

이 호패법은 태종 때 시행되었다가 백성들의 불만이 커서 폐지되었어요. 이것을 세조가 부활시켜 열여섯 살 이상의 모든 남자에게 의무적으로 호패를 차게 했어요. 하지만 호패는 백성들에게 큰 부담이었어요. 호패를 받으면 곧바로 군역 대상자가 되어 군대에 가야 했기 때문이지요. 군에 가는 걸 피하려고 가난한 백성들은 일부러 노비로 등록하는 일까지 벌어졌어요. 그러나 세조는 호패법을 엄격하게 시행하여 백성들에게 각종 부역과 세금을 매겼지요.

새 법전을 만들었어요

나라를 다스리는 데는 기준이 되는 법이 필요해요. 그런데 이 법이 체계적으로 정리되어 있지 않으면 어떤 일이 벌어질까요?

당시 조선은 나라의 법이 체계적으로 정리되어 있지 않아 불편한 점이 많았어요. 세조는 이런 문제를 해결하기 위해 새 법전을 만들라고 명령했어요.

"그동안 만들어진 법조문들이 여기저기 흩어져서 복잡하다. 그러니 뺄 것은 빼고 보탤 것은 보태 새 법전을 만들라."

이때부터 조선의 헌법이라고 할 수 있는 〈경국대전〉이 만들어지기 시작했어요. 〈경국대전〉은 당시의 행정 조직인 육조에 따라 여섯 개의 '전'으로 구성되었어요. 그중에 '호전'과 '형전'이 세조 때 완성되었고, 나머지는 성종 때 완성되었어요. 호전은 나라의 인구, 토지, 세금 등과 관련된 법전이고, 형전은 형벌, 재산 상속, 노비 등에 관한 법전이었어요. 이런 법전이 만들어지면서 나라를 다스리는 기본 원칙이 생기고 사회 질서가 바로잡혔어요.

강력한 정치를 펼친 세조

이시애가 난을 일으켰어요

왕의 힘을 키운 세조는 강력한 중앙 집권 정책을 펼쳤어요. 각 고을에 수령을 내려보내 왕의 명령에 따라 다스리게 했지요. 함경도도 예외가 아니었어요. 원래 함경도는 조선을 세운 태조 이성계가 태어난 곳이었어요. 게다가 이곳 사람들은 여진족을 정벌하고 6진을 개척하여 국토를 확장하는 데 큰 공을 세웠어요. 그런데 세조는 함경도 사람들을 차별하고 높은 벼슬을 주지 않았어요.

강력한 정치를 펼친 세조

　　그러자 함경도에서 이시애가 난을 일으켰어요.
"함경도를 무시하는 조정을 혼내 주자."
이시애는 은밀히 군사를 모아 소문을 퍼뜨렸어요.
"한명회와 신숙주가 이끄는 남쪽 지방의 군사들이 함경도 백성들을 쫓아내기 위해 올라오고 있다."
　　함경도 백성들은 불안에 떨며 이시애와 함께했어요. 특히 늘어난 세금과 호패법에 불만을 품은 농민들이 많이 참여했지요. 세조는 3만여 명의 병사를 동원하여 3개월을 싸운 끝에 이시애의 난을 진압했어요.

역사와 지리, 국방에도 힘썼어요

세조는 역사에도 관심을 기울여 세조 4년에는 〈동국통감〉 편찬을 명령했어요.
"우리나라의 고대사가 빠진 부분이 많아 완전하지 못하다. 삼국사와 고려사를 합하여 편년체로 쓰되, 여러 책을 모아 참고하도록 하여라."
또 조선 초기 4대 왕인 태조, 태종, 세종, 문종의 보감인 〈국조보감〉을 처음으로 펴냈어요. 이후 왕들의 보감이 계속 편찬되어 순종 때 〈국조보감〉 90권 28책이 완성되었어요. 또 우리나라 최초의 실측 지도인 〈동국지도〉를 만들었어요. 이 지도에는 각 도의 위치와 산맥의 방향, 도로의 길이, 국경선 등이 자세하게 그려졌어요.

강력한 정치를 펼친 세조

세조는 외적의 침입에 대비하여 군사 제도를 정비했어요. 문종이 만든 〈진법〉을 바탕으로 중앙군은 5위로 나누고, 지방군은 전국에 55개의 거진을 두었어요. 각 도에 진을 두어 스스로 방어할 수 있는 체계를 만든 것이지요. 그리고 각 고을에 병기와 말의 수를 파악하여 수량을 갖춰 놓았어요.
또 북방 개척에도 힘써 1460년에는 신숙주를 시켜 중국의 야인을 정벌하게 했어요.

★**거진** 각 도에 설치했던 중간 규모의 군사 진영이에요.

세조와 함께 무단 정치를 한 사람들

권남은 한명회를 끌어들였어요

권남은 어릴 때부터 책을 좋아했어요. 그래서 말에 책 상자를 싣고 다니며 학문을 쌓았어요. 이때 한명회를 만나 평생 친구가 되었어요. 서른다섯 살에 과거 시험에서 장원 급제하여 집현전에서 일했어요. 다음 해 수양 대군과 함께 〈역대병요〉를 편찬하면서 둘은 서로 뜻이 잘 맞아 친해졌어요. 그리고 수양 대군에게 친구 한명회를 소개하고, 참모가 되어 힘센 장사들을 수양 대군 편으로 끌어들였어요.

강력한 정치를 펼친 세조

계유정난의 성공으로 왕이 된 세조는 자신이 왕이 되는 데 힘쓴 권남, 한명회, 신숙주 같은 신하들을 공신으로 치켜세웠어요. 권남은 1등 공신이 되어 높은 벼슬과 함께 땅과 노비, 재산을 받았어요. 활을 잘 쏘고 문장에도 뛰어났던 권남은 신숙주와 함께 〈국조보감〉을 편찬하는 데 참여했어요. 그러나 권력을 이용해 심한 횡포를 부렸고, 많은 재산을 축적하여 탄핵을 받기도 했어요. 그러다 병을 핑계로 관직에서 물러난 지 2년 만에 쉰의 나이로 세상을 떠났어요.

한명회는 야심가였어요

한명회는 권남과 함께 과거 시험을 보았지만 실패했어요. 그래서 벼슬에 오르지 못하고 서른여덟 살이 되어서야 경덕궁직이 되었어요. 경덕궁은 태조 이성계가 왕이 되기 전에 살던 개성 집이었어요. 그곳을 관리하는 일을 맡은 거예요. 하지만 대단한 야심가였던 한명회는 과거 시험을 통하지 않고서도 권력을 쥘 방법을 찾았어요. 바로 어린 단종을 밀어내고 수양 대군을 왕위에 올리는 일이었지요. 그리고 그 일을 수행하여 엄청난 권력과 부를 움켜잡았어요.

강력한 정치를 펼친 세조

그러나 한명회의 욕심은 여기서 그치지 않았어요. 계유정난에 가담했던 사람들과 친인척 관계를 맺어 권력을 더욱 탄탄하게 다졌어요. 우선 딸을 예종에게 시집보내 세조와 사돈을 맺었어요. 그다음에는 다른 딸을 성종에게 시집보내 두 딸을 왕비로 만들었어요. 그리고 자신은 2대에 걸쳐 두 임금의 장인이 되었지요. 또 신숙주와도 인척 관계를 맺었고, 친구였던 권남과도 사돈 관계를 맺었어요. 이렇게 하여 한명회는 누구도 넘볼 수 없는 엄청난 권세를 누리다가 일흔세 살에 눈을 감았어요.

신숙주는 언어 능력이 탁월했어요

신숙주는 스물두 살에 과거 시험에 합격하여 집현전에서 일했어요. 〈훈민정음해례본〉을 만드는 데 참여했고, 이 과정에서 성삼문과 열세 번이나 명나라에 다녀왔어요. 당시 최고의 언어학자였던 황찬이 명나라에 있었기 때문이지요. 황찬은 신숙주에게 언어에 대한 감각과 이해가 뛰어나다고 칭찬을 아끼지 않았어요. 수양 대군은 이런 신숙주를 눈여겨보았어요. 그러다가 단종이 왕위에 오르자, 사신을 자청하여 명나라에 가면서 신숙주를 데려갔어요. 이 일로 둘은 급격하게 친해졌어요.

강력한 정치를 펼친 세조

신숙주 역시 계유정난의 1등 공신이었어요. 그래서 초고속으로 승진하며 학문과 외교, 국방 분야에서 탁월한 능력을 발휘했어요. 먼저 후세의 왕과 왕세자들이 반드시 읽어야 할 〈국조보감〉을 펴냈고, 국가의 기본 예법과 절차 등을 담은 〈국조오례의〉를 정리했어요.

또 고전과 불경을 한글로 풀어 쓰는 등 훈민정음 확산 사업에도 참여했어요. 당시에는 신숙주를 대단한 '능력자'로 평가했어요. 그러나 후세에는 성삼문 등 집현전 학자들이 사육신이 되었던 것과 견주어 '변절자'로 평가되었어요.

실록 배움터

한명회와 압구정의 유래

서울 지하철 3호선에는 압구정역이 있어요. 그 일대는 압구정동이고, 길 이름은 압구정로예요. '압구정'이라는 말은 어디서 왔을까요?

==압구정은 조선 시대 권세가였던 한명회의 정자였어요. 한명회는 어린 단종을 몰아내고 세조가 왕위에 오르는 데 큰 공을 세웠어요.== 그 공을 인정받아 높은 벼슬에 오르고 온갖 특혜를 누렸지요. 나이가 들어서는 경치 좋은 한강가에 정자를 짓고 날마다 잔치를 열며 권세를 부렸어요. 그 정자 이름이 압구정인데, '갈매기와 친하다'라는 뜻이었지요.

이름과 달리 압구정에는 갈매기 한 마리 날아오지 않았어요. 하지만 그 명성은 중국에까지 알려졌어요. 한번은 중국 사신이 성종에게 조선에 온 김에 압구정을 구경하고 싶다고 했어요. 성종이 사신의 뜻을 전했지만, 한명회는 압구정이 좁다는 이유를 들어 거절했어요. 그러다 왕실에서 쓰는 용봉이 새겨진 천막을 빌려주면 잔치를 열겠다고 했어요. 한명회의 탐욕에 화가 난 성종은 왕실 소유의 정자인 제천정과 희우정만 남기고 모든 정자를 없애라고 했어요. 그 뒤 압구정은 헐렸고, 이름만 전해지게 되었어요.

139

실록 놀이터

세조는 어린 조카 단종을 몰아내고 왕위에 올라 강력한 정치를 펼쳤어요. 아래 그림을 보고 일어난 순서대로 번호를 적고, 빈칸에 자신만의 이야기를 만들어 보세요.

○ 집현전 학자들이 단종 복위 운동을 일으켰어요.

○ 단종은 강원도 영월로 유배된 뒤 죽음을 맞았어요.

○ 〈경국대전〉 가운데 '형전'을 완성했어요.

○ 호패법을 실시해 세금을 거둬들였어요.

○ 함경도에서 일어난 이시애의 난을 진압했어요.

세조의 아들들은 몸이 약해서 오래 살지 못했어요. 맏아들 의경 세자는 세조가 왕위에 오르자마자 왕세자가 되어 왕위 계승 수업을 받았어요. 그런데 2년 뒤에 이유 없이 시름시름 앓다가 세상을 떠났어요. 죽은 형을 대신해 둘째 아들 예종이 왕세자가 되었어요.

예종은 세조가 죽자 열아홉 살에 왕위에 올랐어요. 어린 나이였지만 아버지처럼 강력한 왕권을 행사했어요. 아버지 묘호를 '세조'로 정하고, '남이의 옥' 사건으로 수많은 사람을 처형했지요. 15개월 정도 왕위에 있었던 예종에게 어떤 일들이 있었는지 알아보아요.

꿈을 펼치지 못한 예종

강력한 왕권을 꿈꿨지만 요절한 예종

예종이 왕위에 올랐어요

1468년 세조는 병이 깊어지자, 서둘러 왕세자에게 왕위를 넘겼어요. 왕세자는 세조의 뜻에 따라 바로 왕위에 올랐어요. 조선의 여덟 번째 임금 예종이에요. 그런데 다음 날 세조가 갑자기 세상을 떠났어요. 세조의 죽음은 예종에게 큰 충격이었어요. 슬픔에 빠진 예종은 한동안 물과 음식을 입에 대지 못했어요. 평소 몸이 약했던 예종은 건강이 더욱 나빠졌지요.

꿈을 펼치지 못한 예종

예종은 왕이 되었지만 왕권을 행사할 수 없었어요. 아직 열아홉 살이라 미성년인 데다 건강마저 좋지 않았으니까요. 그래서 어머니 정희 왕후가 수렴청정하고 신숙주, 한명회 등 원로대신들이 나랏일을 의논하여 결정했어요. 예종은 형식적인 결재만 할 뿐이었지요. 그렇다고 왕의 힘이 약해진 것은 아니었어요. 예종은 정해진 법에 따라 신하들을 엄격하게 다스렸어요. 세조 곁에서 충실하게 왕세자 수업을 받은 덕분이었지요.

★**수렴청정** 나이가 어린 임금을 대신해 어머니인 왕대비나 할머니인 대왕대비가 나랏일을 대신하는 것을 말해요.

강력한 왕권을 꿈꿨어요

왕세자 시절 예종은 조용하고 침착했어요. 항상 대신들의 의견에 귀를 기울였지요. 그러나 왕이 된 뒤에는 사뭇 다른 모습을 보였어요.

세조가 죽고 묘호를 정할 때였어요.

"묘호는 신종, 예종, 성종 중에서 고르십시오."

"세조는 어떠냐?"

신하들은 이미 '세종'이 있고, 원칙적으로 '조'는 나라를 세운 왕에게만 사용할 수 있다고 대답했어요. 예종은 아버지의 업적을 내세우며 끝까지 '세조'를 고집했어요. 신하들은 예종의 말에 따를 수밖에 없었지요.

꿈을 펼치지 못한 예종

예종은 권력자들에게 청탁하는 것을 철저하게 금지했어요. 당시에는 벼슬을 얻으려고 권력가의 집을 방문하여 뇌물을 바치는 경우가 많았어요. 예종은 이것을 엄격하게 막고, 그 대상을 왕족과 재상들까지 확대했어요. 그리고 청탁을 하거나 받은 사람들을 모두 잡아들여 직접 심문하고 벌을 내렸어요. 그뿐만 아니라 감시를 소홀히 한 관리에게도 벌을 주었어요.

남이가 모함을 받았어요

남이는 태종의 외손자였어요. 스무 살에 무과에 급제하고 스물일곱 살에는 함경도에서 일어난 이시애의 난을 진압하여 1등 공신이 되었지요. 이어서 두만강 부근의 여진족을 물리치고, 스물여덟 살에는 지금의 국방부 장관이라 할 수 있는 병조 판서에 올랐어요. 그러자 잘나가는 남이를 시기하는 사람들이 생겨났어요. 특히 세조의 최측근이었던 한명회와 신숙주는 남이가 병조 판서를 할 능력이 없다고 비판했어요. 예종은 기다렸다는 듯이 남이를 병조 판서에서 해임하고 겸사복장*에 임명했어요.

★**겸사복장** 궁궐 경비와 궐내를 순찰하는 임무를 맡았어요.

하지만 남이를 내치려는 움직임은 여기서 그치지 않았어요. 세조 때 남이와 함께 공을 세웠던 유자광 또한 남이를 시기했어요. 어느 날 밤이었어요. 하늘에 혜성이 나타나자 남이가 무심코 말했어요.
"묵은 것이 사라지고 새것이 올 징조로구나."
그런데 유자광이 그 말을 엿듣고, 남이가 역모를 꾀한다고 일러바쳤어요.

대대적인 숙청이 이뤄졌어요

예종은 크게 화를 내며 남이를 잡아다가 직접 심문했어요.

"네 이놈, 네놈이 역모를 꾀했느냐?"

"아닙니다, 절대 그런 일이 없습니다."

모진 고문을 해도 남이는 역모를 인정하지 않았어요. 하지만 병조 판서 해임에 불만이 있었던 것과 한명회, 신숙주 등의 대신들을 비난한 사실이 밝혀지자 자포자기한 듯 입을 열었어요.

"역모를 꾀했습니다. 유자광의 말이 다 맞습니다."

그러고는 영의정 강순을 돌아보며 말했어요.

굿샷이 망극하옵니다.

꿈을 펼치지 못한 예종

"저기 있는 강순 등과 함께 의논했습니다."
처음에 강순은 절대 아니라고 펄쩍 뛰었어요. 나이가 많았던 강순은 곤장 몇 대에 쓰러졌어요. 예종은 남이와 강순은 물론이고 남이와 친했던 사람들을 모두 잡아다 처형했어요. 한편 남이를 고발한 유자광은 1등 공신이 되었어요. 예종은 유자광에게 남이의 집까지 주었지요.

실록 배움터

사초를 빼내 고친 사관이 있었다고?

조선 시대에는 왕이 죽으면 실록을 만들었어요. 실록은 한 왕이 다스리던 때에 일어난 일을 순서대로 기록한 역사책이에요. 실록을 만들 때는 먼저 실록청을 만들고, 사관이 기록한 기초 원고인 사초를 거둬들였어요. 이때 사관은 자신이 쓴 사초에 자기 이름을 써서 제출해야 했어요. 민수라는 사관도 정해진 날짜에 사초를 제출했어요. 하지만 걱정이 태산이었어요. 사초에 한명회, 신숙주 등 대신들의 잘못을 낱낱이 기록했거든요. 만약 대신들이 사초에 쓴 자신의 이름을 본다면 목숨이 날아가는 건 시간문제라고 생각했어요.

민수는 사초를 몰래 빼내어 고쳤어요. 하지만 곧 들통이 나고 말았지요. 예종이 물었어요.

"임금의 잘못은 아무 거리낌 없이 기록하면서 대신들의 잘못은 왜 고치려 했느냐?"

"대신들이 더 무서웠기 때문입니다."

예종은 기가 막혔어요. 막강한 대신들의 힘을 느낄 수 있었지요. 민수는 곤장 100대를 맞고 제주도로 유배되었어요. 그리고 함께 사초를 고친 강치성과 원숙강 등은 처형되었어요.

실록 놀이터

세조의 뒤를 이어 왕위에 오른 예종은 강력한 왕권을 꿈꿨어요. 하지만 짧은 생애로 그 꿈을 이루지는 못했어요. 그 장면 속에 숨어 있는 그림을 다섯 개 찾아보아요.
(숨은 그림: 화살, 뱀, 버섯, 배, 십자가)

예종의 뒤를 이어 왕위에 오른 성종은 나라의 기초가 되는 제도를 완성하고, 백성들의 생활을 안정시켰어요. 당시 집권 세력인 훈구파에 맞설 수 있는 사림파를 키우고 각종 제도를 정비했지요. 또 세조 때부터 만들기 시작한 〈경국대전〉을 완성하여 나라를 다스리는 기준을 마련했어요. 백성들은 전쟁이나 반란 등을 겪지 않고 평화롭게 지냈지요. 성종은 어떻게 태평성대를 이루고 나라를 평안하게 이끌었을까요?

정희 왕후의 선택으로 왕위에 오른 성종

열세 살에 왕위에 올랐어요

예종이 갑자기 세상을 떠나자 궁궐은 혼란에 빠졌어요. 왕위를 이어받을 왕세자가 안 정해졌거든요. 스무 살밖에 안 된 예종이 그렇게 일찍 세상을 떠날 줄은 아무도 몰랐어요. 게다가 예종의 아들은 겨우 네 살이었어요. 이럴 때 새 임금은 왕실의 어른인 왕의 어머니나 할머니가 정하는 게 전통이었어요. 재빨리 상황을 파악한 신숙주가 예종의 어머니 정희 왕후에게 사람을 보냈어요.

조선의 제도를 완성한 성종

신숙주와 의견을 주고받은 정희 왕후는 다음 왕을 예종의 조카인 성종으로 정했어요. 성종은 예종의 형인 덕종의 둘째 아들이었어요. 조선은 첫째가 왕위를 잇는 것이 원칙이었지만 정희 왕후는 다른 선택을 한 거예요. 예종의 아들은 어리고, 첫째 월산 대군은 몸이 약하다는 것이 이유였지요. 하지만 그 결정에는 또 다른 이유가 있었어요. 바로 성종이 한명회의 사위였기 때문이지요. 대신들은 한목소리로 찬성했어요. 성종은 바로 그날 오후, 왕위에 올랐어요. 예종의 뒤를 이어 조선의 아홉 번째 왕이 된 것이지요.

학문에 힘썼어요

열세 살에 왕위에 오른 성종은 스무 살이 될 때까지 7년 동안 할머니 정희 왕후의 도움을 받았어요. 정희 왕후는 어린 성종을 아낌없이 지원했지요. 성종은 성실하고 부단히 노력하는 왕이었어요. 훌륭한 왕이 되겠다는 목표를 세우고 부지런히 학문을 갈고닦았지요. 아침, 점심, 저녁 하루 세 번 경연을 여는 것은 물론이고 밤까지 수업했어요. 남은 시간에는 역법, 음악, 글씨, 그림, 활쏘기 등을 부지런히 익혔지요.

하루는 건강을 염려한 신하들이 제사가 있는 날이니 경연을 쉬자고 건의했어요. 그러나 성종은 단번에 거절했어요.
"나는 하루라도 배우지 못하는 것을 안타깝게 생각한다."
또 왕이 해야 할 일과 하지 않아야 할 일도 분명하게 구별했어요.
어느 날 유모가 찾아와 벼슬을 부탁하자, 따끔하게 혼냈어요.
"또 한 번 그런 말을 꺼냈다간 용서하지 않겠다."
성종은 쉼 없이 공부하며 성군이 되기 위해 노력했어요.

훌륭한 왕으로 성장한 성종

원상제를 폐지하고 대간을 키웠어요

성종은 스무 살이 되면서부터 스스로 나라를 다스리기 시작했어요.
"지금부터는 모든 나랏일을 내 뜻으로 결정하고 시행할 것이다."
그러고는 원상제를 없애 자립의 발판을 마련했어요. 원상제는 왕이 지명한 원로대신들이 나랏일을 의논하여 올리면 왕이 결정하는 제도였어요. 세조가 눈을 감으면서 어린 예종의 왕권을 보호하기 위해 만들었지요. 성종은 원상제를 폐지하여 왕의 권한을 되살렸어요.

조선의 제도를 완성한 성종

또 대간을 키워 원로대신을 비롯한 관리들의 잘잘못을 따지는 제도를 만들었어요. 대간은 관리들을 감독하는 사헌부와 왕의 잘못을 비판하는 사간원의 관리를 합쳐 부르는 이름이었어요.
"뇌물을 받은 정승에게 벌을 내리십시오."
"부패한 관리를 그대로 두어서는 안 됩니다."
대간의 역할이 커지면서 대신들은 몸을 움츠렸어요. 성종 역시 대간의 비판에 시달렸지만, 항상 그들의 이야기를 귀 기울여 들었지요.

훈구 대신을 견제할 사림파를 등용했어요

하지만 그때까지도 신숙주, 한명회 등 훈구 대신들의 힘이 막강했어요. 그들을 통하지 않고서는 어떤 일도 할 수 없었지요. 성종은 이들과 맞설 젊은 선비들을 뽑았어요. 대표적인 선비가 김종직이었어요. 김종직은 경상도에서 성리학을 깊이 연구한 성리학자였어요. 성종은 김종직을 한양으로 불러 학문 연구 기관인 홍문관에서 일하게 했어요. 학문이 높았던 김종직은 성종의 든든한 지원을 받으며 승진에 승진을 거듭했지요.

★**훈구 대신** 나라나 왕을 위해 큰 공로를 세운 신하들을 말해요.

조선의 제도를 완성한 성종

그러자 한양의 젊은 선비들이 앞다투어 김종직을 찾아갔어요.
"제자로 받아 주십시오."
이 무렵 김종직의 경상도 제자들이 과거 시험에 많이 급제했어요.
이들이 한양으로 올라오면서 새로운 세력이 형성되었지요.
김종직을 중심으로 한 선비들의 무리를 사람들은 '사림파'라고
불렀어요. 이들은 주로 홍문관, 사간원, 사헌부에서 일하며
나랏일에 대해 자기주장을 펼쳤지요. 이런 활동이 활발해지자
훈구 대신들은 전처럼 권력을 함부로 휘두를 수 없었어요.

태평성대를 이루다

조선의 헌법 〈경국대전〉을 펴냈어요

성종은 세조 때부터 만들기 시작한 〈경국대전〉을 완성했어요. 〈경국대전〉은 나라를 다스리는 법을 정리한 책이에요. 그동안의 법과 관습 그리고 조선이 세워지고 나서 약 100년 동안 있었던 왕의 명령 등을 모으고 추려서 만들었지요. 이런 법전이 만들어졌다는 것은 조선이 법치 국가였다는 것을 의미해요. 법치 국가는 왕이 마음대로 나라를 다스리지 않고 법에 따라 다스렸다는 뜻이지요. 그래서 〈경국대전〉의 내용을 살펴보면 조선의 왕이 백성들을 어떻게 다스렸는지, 백성들은 또 어떻게 생활했는지 알 수 있어요. 〈경국대전〉이 완성된 뒤, 조선은 나라의 모든 일을 〈경국대전〉에 따랐어요. 구체적인 내용으로는 '관리의 아내나 장인, 장모가 죽으면 15일의 휴가를 준다.', '관리 집안 출신으로 가난하여 서른이 넘도록 시집을 못 간 처녀가 있으면 나라에서 결혼 비용을 지원한다.', '부모가 병들었거나 나이가 일흔 살 이상인 장정은 군대에 가지 않아도 된다.' 등이 있어요. 이처럼 〈경국대전〉에는 조선의 정치, 사회, 경제, 문화와 관련된 모든 것이 세세하게 들어 있답니다.

경연을 부활하고 독서당을 설치했어요

성종은 학문을 중요하게 여기고 신하들의 말에 귀를 기울였어요. 그래서 세종 때 실시했다가 세조 때 폐지된 제도들을 다시 실시했지요. 먼저 거의 매일 경연을 열어 참석한 신하들에게 나랏일을 묻고 경청했어요. 그런데 그 자리에는 나이 든 대신만이 아니라 젊은 신하들도 많았어요. 성종에게는 경연이 다양한 신하들의 의견을 직접 듣는 기회였던 것이지요. 성종은 왕위에 있는 동안 총 9,000여 회의 경연을 열었다고 해요.

조선의 제도를 완성한 성종

그리고 독서당을 세워 책을 읽게 했어요. 세종 때 젊고 유능한 관리들에게 휴가를 줘서 집에서 책을 읽게 했는데, 찾아오는 사람도 많고 집안일에도 신경을 쓰게 되어 책에만 집중할 수 없었어요. 성종은 이런 문제를 해결하려고 독서당을 지었어요. 그리고 필요한 비용과 인력을 제공해 오로지 책만 읽을 수 있도록 배려했지요. 이런 성종의 노력은 조선 학문의 눈부신 발전으로 이어졌어요.

〈동국여지승람〉 등 다양한 책을 펴냈어요

성종은 지리와 역사, 문학, 음악 등 다양한 분야의 책들을 펴냈어요. 그중 우리나라 지도책인 〈동국여지승람〉은 세종 때의 〈팔도지리지〉에 〈동문선〉에 수록된 글을 넣어 만들었어요. 지도와 함께 각 지역의 역사, 인물, 풍습, 학교, 정자, 누각, 절 등의 내용이 포함되었지요. 또 독도가 우리 땅이라는 사실도 기록되었어요.

〈동문선〉은 삼국 시대부터 조선 초기까지 우리나라 문학 작품 4,300여 편을 모아 엮었어요. 이 작품들은 당시의 문학을 이해하는 데 큰 도움이 되지요.

조선의 제도를 완성한 성종

〈악학궤범〉은 당시 음악에 정통했던 성현이 중심이 되어 만든 음악 백과사전이에요. '정읍사', '동동', '처용가', '정과정', '여민락' 등이 한글 가사로 실렸어요. 궁중 음악은 물론이고 중국 당나라 음악, 우리나라 향토 음악에 관한 이론 및 제도, 양식 등 여러 사항을 그림으로 풀어 설명했어요. 그 밖에도 악기, 의상, 무대 장치 등의 제도, 무용의 방법, 음악 이론 등을 자세히 적었어요. 〈악학궤범〉은 우리 음악과 역사를 이해할 수 있는 중요한 자료이지요.

불교를 억누르고 유교를 장려했어요

성종은 불교를 탄압하고 유교를 장려했어요. 승려가 되는 것을 법으로 금지하고 전국의 절 대부분을 없애 버렸어요. 또 부녀자가 절에 불공드리러 가는 것을 막고, 화장을 불교의 장례 의식이라 하여 금지했어요. 그런가 하면 과거 시험에서 답안지에 "불교를 믿어 재앙을 물리쳐야 한다."라고 쓴 선비를 귀양 보냈어요. 그럼에도 불구하고 불교는 쉽게 사그라지지 않았어요.

조선의 제도를 완성한 성종

성종은 유교가 백성들의 생활 속에 뿌리내리도록 교육했어요. 한글로 〈삼강행실도〉를 만들어 배포하고 부녀자들에게 읽게 했어요. 그리고 유교의 윤리와 도덕을 가르쳤지요. 특히 부모에 대한 효를 강조했는데, 다른 사람들의 모범이 될 만한 사례들을 뽑아 상을 내렸어요. 그와 반대로 불효를 저지른 사람에게는 엄한 벌을 내렸지요. 이 과정에서 유교 질서는 빠르게 조선의 생활 속으로 파고들었어요. 하지만 여성의 사회적 지위가 크게 낮아지고, 신분에 따른 차별이 더욱 심해지는 부작용을 낳았지요.

여진족을 정벌했어요

북방의 여진족은 조선뿐만이 아니라 중국 명나라에서도 골칫거리였어요. 먹을거리가 떨어지면 수시로 경계를 넘었거든요. 1479년, 명나라는 조선에 사신을 보내 함께 여진족을 정벌하자고 했어요. 성종은 어유소를 대장으로 임명하여 여진족을 치게 했어요. 그러나 압록강 물이 꽁꽁 얼지 않아 강을 건너지 못하고 돌아왔어요. 두 달 뒤 윤필상이 군사 5천여 명을 이끌고 압록강을 건너 여진족을 물리쳤어요.

1491년에는 여진족이 함경도 지방에 침입했어요. 성종은 허종을 보내 두만강 일대의 여진족을 정벌하게 했어요. 허종은 병력 4만여 명을 이끌고 가서 여진족의 소굴을 소탕했어요. 이때 소탕한 여진족의 수는 그리 많지 않았지만 변방이 안정되고 전쟁의 위협에서 벗어날 수 있었어요. 백성들은 그 어느 때보다 평화로운 시절을 보낼 수 있었지요.

성종이 남긴 유산

폐비 윤씨에게 사약을 내렸어요

성종은 총 12명의 부인을 두었고, 이들에게서 16남 12녀의 자녀를 얻었어요. 첫 번째 왕비는 한명회의 딸 공혜 왕후였어요. 공혜 왕후는 왕비가 된 지 5년 만에 세상을 떠났어요.

두 번째 왕비는 후궁 윤씨였어요. 윤씨는 첫 왕자 연산군을 낳고 왕비가 되었어요. 그러자 태도가 아주 건방지고 거만해졌어요. 성종의 후궁들을 질투하는 것은 물론이고 갖가지 수법을 써서 없앨 음모까지 꾸몄어요.

조선의 제도를 완성한 성종

성종은 윤씨를 그대로 두고 볼 수 없었어요. 하지만 어린 아들 연산군이 마음에 걸려 내쫓지 못했어요. 이런 상황에서도 윤씨는 반성은커녕 더욱 악랄하게 행동했어요.
성종은 참다못해 윤씨를 폐비시키고 궁궐에서 내쫓았어요. 하지만 안심이 안 되었어요. 자신이 세상을 떠나고 아들 연산군이 왕위에 오른 뒤가 걱정이었지요. 성종은 앞날을 생각하여 3년 후 윤씨에게 사약을 내렸어요. 이때 윤씨의 아들 연산군은 일곱 살이었어요.

대간 권력을 남겼어요

성종은 훈구 대신들에 맞설 대간 세력을 키웠어요. 처음에 대간은 성종의 뜻대로 제 역할을 해냈어요. 관리들의 부정부패를 감시하고, 왕의 잘못을 지적하여 바로잡았지요.

그러나 힘이 세지면서 문제가 생겼어요. 대간이 크고 작은 일을 가리지 않고 무차별적으로 비판을 쏟아 낸 거예요. 1485년에는 창경궁 연못에 설치한 구리 수통이 사치라고 우겼어요. 성종은 그렇지 않다고 말했어요.

"나무는 썩기 쉽고 돌은 공력이 많이 들어 구리를 쓴 것일 뿐이다."

대간은 쉽게 물러서지 않았어요. 성종은 결국 기껏 만든 구리 수통을 철거하고 돌로 새 수통을 만들게 했어요. 그러느라 담장을 두 곳이나 헐어야 했지요. 이제 대간의 힘이 왕권을 위협할 만큼 세진 거예요. 이 대간 세력을 그대로 남겨 둔 채 성종은 서른여덟 살의 나이로 눈을 감았어요. 성종이 왕위에 오른 지 25년째 되던 1494년 12월이었지요. 그 뒤를 이어 며칠만 지나면 스무 살이 되는 연산군이 왕위에 올랐어요. 죽은 폐비 윤씨의 아들이었지요. 조선의 앞날은 점점 위태로워졌어요.

실록 배움터

조선 시대에는 어떤 형벌이 있었을까?

조선 시대에는 사람이 죄를 지으면 법에 따라 형을 받았어요. 태형, 장형, 도형, 유형, 사형 이렇게 5형이 기본이었지요.

태형과 장형은 가벼운 죄를 지었을 때 집행되었어요. 태형은 회초리로 10대에서 50대까지, 장형은 굵은 회초리로 60대에서 100대까지 등급을 나누어 볼기를 쳤어요.

도형은 오늘날의 징역형과 비슷해요. 죄인을 관아에 가두어 두고 힘든 일을 시켰지요. 등급에 따라 1년에서 3년까지 기간이 정해졌는데, 이 기간에 따라 60~100대의 매를 맞았어요.

유형 또는 유배는 매우 중한 죄인을 외딴 시골이나 섬 등으로 보내 거기서만 살게 하는 것이었어요. 흔히 '귀양'이라고도 하는데, 조선 시대 3대 유배지는 제주도, 거제도, 흑산도였어요. 유배지는 모두 사람이 살기 힘든 곳이었어요. 사형은 최고의 형벌로 교형과 참형이 있었어요. 죄에 따라 차별을 두었는데, 목을 매는 교형보다 목을 베는 참형이 더 무거운 형벌이었어요. 또 반역자나 대역 죄인은 매우 처참하게 죽이고 매장도 허락하지 않았어요. 이것을 능지처사 또는 능지처참이라 했지요.

실록 놀이터

성종은 〈경국대전〉을 완성하고 나라의 기초가 되는 제도를 마련해 백성들의 생활을 안정시켰어요. 두 그림에서 다른 부분 다섯 군데를 찾아 ○ 해 보세요.

정답

▼ 78~79쪽

▼ 108~109쪽

2 측우기 **6** 네 번째 **8** 훈민정음 **10** 집현전 **11** 경연
12 사가독서 **13** 향약집성방 **16** 앙부일구 **18** 용비어천가

▼ 140~141쪽

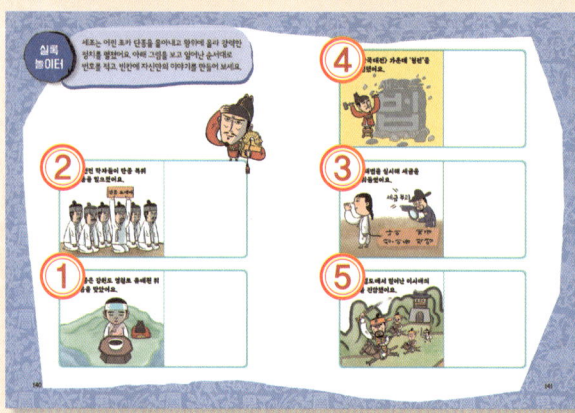

▼ 154~155쪽

▼ 182~183쪽

〈그림으로 보는 조선왕조실록〉
시리즈는 전 5권입니다.

1권 새 나라 조선
2권 빛나는 조선의 문화
3권 개혁과 혼란의 시대
4권 새로운 조선을 꿈꾸다
5권 세도 정치로 무너지다

〈그림으로 보는 한국사〉와 함께 읽어요!